マンガ

面白いほどよくわかる!

ギリシャ神話

かみゆ歴史編集部 編

西東社

紀元前5世紀頃――
おぉ！
吟遊詩人《アオイドス》よ待っておったぞ！
お主は人気者じゃのう
まぁわしも年甲斐もなくお主が来るのを楽しみにしていたがの
楽しみにしてたの！
かっこいい英雄のお話聞かせて！
キャッ
キャ
もったいなきお言葉…

今日は誰の話を聞かせてくれるの？
英雄アキレウス？
オデュッセウス？
ポロン…
いえ…
今日は趣向を変えまして…
皆様はこの世界の成り立ちをご存知でしょうか？
ほぉ…
むかしむかし
おおむかし――
何も存在しなかった世界にあるとき大きな空間虚空《カオス》があらわれました――
するとその暗闇から大地の女神ガイアが現れ
やがて天空の神ウラノスを生み出しました
母なる大地と星の瞬《また》く空の誕生です
次にガイアは高くそびえる山々と波のさざめく海を生み
こうして美しい世界が出来上がりました

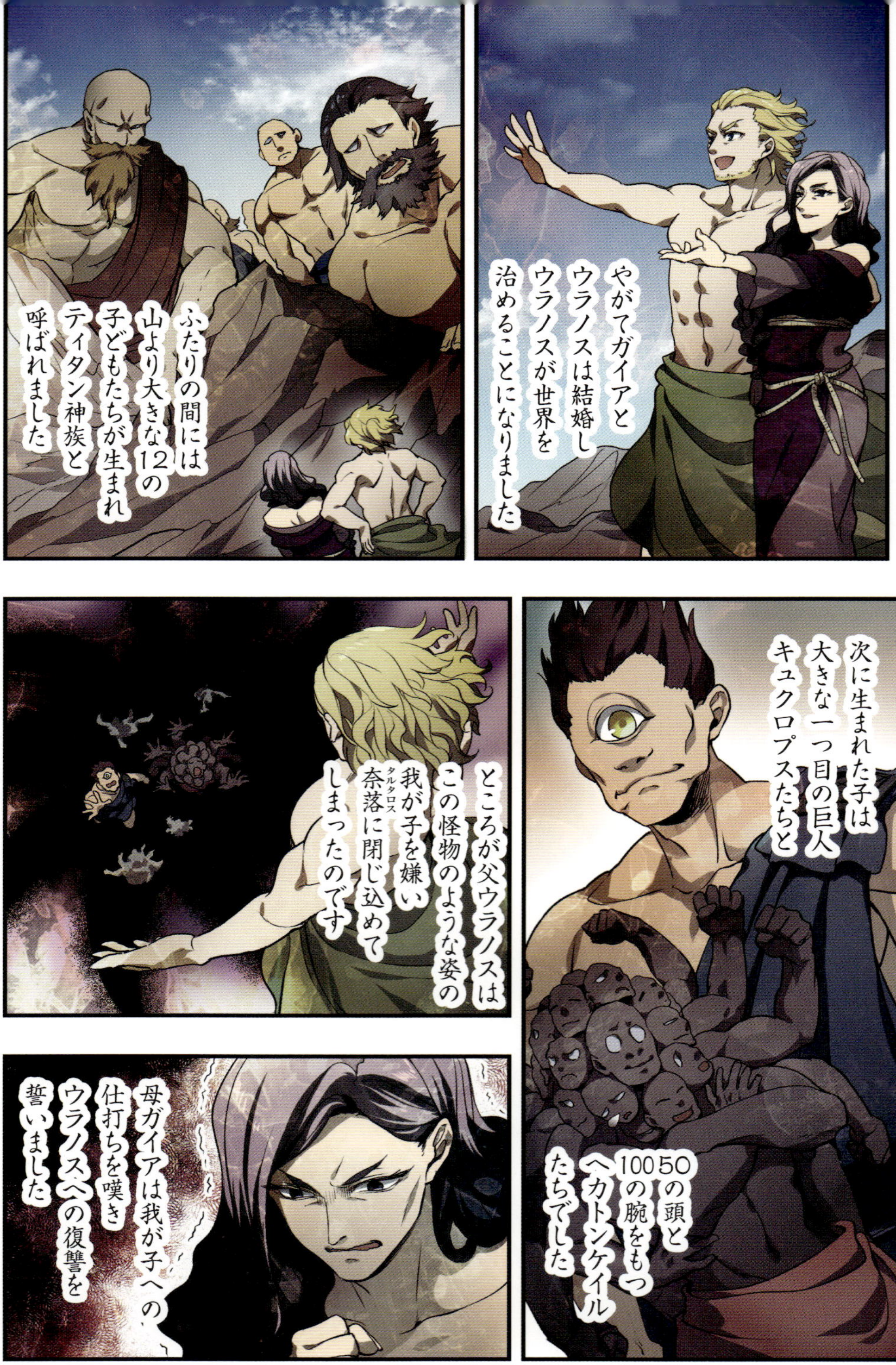
やがてガイアと
ウラノスは結婚し
ウラノスが世界を
治めることになりました
ふたりの間には
山より大きな12の
子どもたちが生まれ
ティタン神族と
呼ばれました
次に生まれた子は
大きな一つ目の巨人
キュクロプスたちと
50の頭と
100の腕をもつ
ヘカトンケイル
たちでした
ところが父ウラノスは
この怪物のような姿の
我が子を嫌い
奈落《タルタロス》に閉じ込めて
しまったのです
母ガイアは我が子への
仕打ちを嘆き
ウラノスへの復讐を
誓いました

ある日ガイアはティタン神族を集めて言いました
『どうか母のために父を討ちかわいそうな弟たちを助け出してちょうだい』と
けれども父を恐れるきょうだいたちは震えるばかりでなかなか首を縦に振りません
すると末の子クロノスが意を決して進み出て引き受けました
母から授かった大鎌を手にクロノスは父の寝込みを襲いました
こうしてクロノスは父に代わって世界を治めることとなったのです――
ポロロン
ワアッ
パチパチ
パチ

ちがうよ！
この世界を治めている神さまはゼウスさまだってみんな言ってるよ！
よく知っているな実はこの話には続きがあるのだよ
どうして…？
ポロン
父ウラノスから恐ろしい予言を受けていたのです
クロノスは母ガイアとの約束を守らずキュクロプスとヘカトンケイルたちを助け出さなかった
それどころか姉レアと結婚すると生まれた子どもたちを次々に飲み込んでしまうのです
『いつかお前も自らの子によって権力を奪われるだろう』

その予言の子どもがゼウスさまというわけだよ
はい…そのとおりです
へー
それでは次はゼウスさまの活躍を語ってまいりましょう――
こうして幾度も幾度も語り継がれた神々の物語は
やがて詩人たちによって書き留められ後世に伝えられた
そして文学や絵画など多くの芸術作品を通して今日でも世界中の人々に愛されている
美しくも人間臭い神々が織りなすギリシャ神話の世界を覗いてみよう――

マンガ 面白いほどよくわかる！ギリシャ神話

【▼】がついている項目はマンガです。

目次

第一章

第二章

・この本のマンガは資料をもとに構成しておりますが、ギリシャ神話のエピソードには異説が多く存在するため、本書で取り上げているのはそのうちの一部です。
・登場人物の名前は、代表的なものや一般的に通りのよいものを採用しています。

第三章

第四章

第五章

参考文献

『もう一度学びたいギリシア神話』松村一男監修（西東社）／『ギリシア神話』西村賀子著（中央公論新社）／『新装版 ギリシア神話』呉茂一著（新潮社）／『トロイア戦争全史』松田治著『ギリシャ神話集』ヒュギーヌス著・松田治・青山照男訳（ともに講談社）／『オデュッセイア（上・下）』ホメロス著・松平千秋訳（岩波書店）／『ホメーロスの諸神讃歌』ホメーロス著・沓掛良彦訳（筑摩書房）／『ギリシア・ローマ神話ものがたり』コレット・エスタン・エレーヌ・ラポルト著・多田智満子監修・田辺希久子訳／『図説 ギリシア・ローマ神話人物記』マルコム・デイ著・山崎正浩訳（ともに創元社）／『図説 ギリシア神話［神々の世界］篇』松島道也著（河出書房新社）／『古代ギリシャのリアル』藤村シシン著（実業之日本社）／『神話で訪ねる世界遺産』蔵持不三也監修（ナツメ社）／『古代ギリシア遺跡事典』周藤芳幸・澤田典子著（東京堂出版）／『図解 古代ギリシア』ステュワート・ロス著・ジェームズ・モーウッド監修（東京書籍）

ギリシャ神話の起源と成立

3000年もの昔に生まれた物語ながら、今なお世界中で愛され続けるギリシャ神話。多彩な神々と魅力あふれる物語のかずかずは、どのようにして生まれたのか。

アクロポリスと遺跡群
ギリシャ神話の舞台は、アテナイなど基本的に実在する土地であり、ミケーネ文明の時代に栄えた各地方が中心となっている。

口伝《くでん》により紡がれてきた ギリシャ神話の源流

ギリシャ神話といえば、星座占いや小説、マンガ、ゲームなどで聞き覚えがあるという人も多いだろう。その起源ははるか昔であるが、聖書と並ぶ西洋文化の基礎として語り継がれてきた物語であり、今日も多くの場面でギリシャ神話ゆかりの物事を見ることができる。

神話の発生は、紀元前20世紀頃より古代ギリシャで栄えたミノア（クレタ）文明の時代までさかのぼる。人々に口づてで伝承された物語はその次のミケーネ（ミュケナイ）文明へと引き継がれ、より豊かなものへと発展した。口承文学であったギリシャ神話には、地域や語り手によって多くのバリエーションがあり、まとまった形はおろか、時系列をもつものではなかった。

二大叙事《じょじ》詩人《しじん》ホメロスとヘシオドスが神話を再編

今に伝わるギリシャ神話の原典は、古代ギリシャの二大詩人と称されるホメロス、ヘシオドスによる叙事詩だとされる。

紀元前8世紀頃、伝説的な盲目の吟遊詩人ホメロスが登場し、長編叙事詩『イリアス』と『オデュッセイア』を残した。これらは現存する最古の古代ギリシャ文学であり、トロイア戦争とその後日譚《ごじつたん》にまつわる壮大な物語だ。

一方ヘシオドスは『神統記』という作品の中で、世界の成り立ちや神々の系譜、ゼウスをはじめとするオリュンポスの神々が世界の覇権を握るまでの経緯をまとめた。また、人間の生きる時代は「金、銀、青銅、英雄、鉄」の5つに分かれるとし、堕落していく人間の姿を説いたのもヘシオドスであった。

『ホメロス像』（カピトリーノ美術館蔵）

ホメロス

古代ギリシャを代表する吟遊詩人。後世の作品に多大な影響を与えた。紀元前8世紀頃の人物とされるが、その実在については諸説あり、彼の作品は複数の詩人によるものだという説もある。

『ヘシオドス像』（大英博物館蔵）

ヘシオドス

紀元前700年頃に活躍したとされる詩人。農民でもある彼は、芸術を司る女神ムーサたちの声を聞き、神々を体系立てた『神統記』を記したという。労働についての詩『仕事と日』も有名である。

神話は演劇として普及
ローマ神話、ルネサンスへ

ホメロスの作品はその後の詩人たちに大きな影響を与え、「ホメロス風」と呼ばれる作品が生まれた。紀元前6世紀頃になると、ギリシャ初の劇場が建設され、神話が題材の演劇が上演されることで、より広く親しまれた。語り手の思いや感情を表現する抒情《じょじょう》詩《し》も登場し、それぞれの詩人の解釈を加えた神話が語られた。

紀元前１４６年には、ギリシャがローマ帝国の属州となる。ギリシャ神話はローマの神々と結びつけられてローマ神話となり、よりロマンティックで娯楽性の高い物語に変化した。さらに14世紀～16世紀には古典古代の文化を復興しようという動き（ルネサンス）が起こり、神話を題材とした絵画や彫刻など、多くの芸術作品が創作された。

ルネサンス期以降、近世や近代においても、ギリシャ神話は芸術作品の主題として好まれ続けた。上は19世紀初頭の絵画で、叙事詩『イリアス』の一場面を描いたもの。

ドミニク・アングル『ユピテルとテティス』（グラネ美術館蔵）

古代ギリシャ文明とは？

ギリシャ神話の舞台となり、かずかずの神話が語られ発展した古代ギリシャとは、どのような時代だったのだろうか。西洋においては文化の礎《いしずえ》とされる古代文明を、神話の発展とともに追っていこう。

西洋文化の源流となった
古代ギリシャの文化

ギリシャ神話の舞台であるエーゲ海沿岸には、オリエント文明の影響を受けた古代文明が紀元前30世紀頃に誕生した。中でも栄えたのは、エーゲ海最大の島クレタを中心に発展したミノア文明や、ギリシャ本土のミュケナイを中心に繁栄したミケーネ文明などだ。ギリシャ神話はこれらの文明の中で生まれたとされている。

前8世紀頃になると、アテネ、スパルタなどのポリス（都市国家）が形成される。ホメロス、ヘシオドスらの詩人によって現在伝わっているギリシャ神話の原型がつくられ、続く古典期には戯《ぎ》曲《きょく》の題材としてもさかんに取り上げられた。

紀元前4世紀後半には、マケドニアのアレクサンドロス大王の東方遠征により、ギリシャとオリエントの文明が融合したヘレニズム文化が誕生。ギリシャ神話はさらに広く知られることとなった。

やがて、ギリシャはローマに吸収される。古代ローマ人はギリシャ神話の物語を自分たちの崇拝する神々と結びつけ、ローマ神話へと発展させた。現在よく知られているエピソードの中には、この時期に生まれたものもある。

ルネサンス期には芸術作品の題材として好まれ、多くの名作が生み出された。

赤絵式の壷（メトロポリタン美術館蔵）
神話の場面は陶器にもよく描かれた。赤茶色の地に黒色で描かれたものは黒絵式という。

イタリアのローマに残るコロッセオの遺跡
ローマの建設者ロムルスとレムスは軍神マルス（ギリシャ神話のアレス）の息子とされている。

神話時代～ルネサンスのギリシャ神話関連年表

時代		年代	出来事
神話時代	宇宙誕生		カオス（虚空）から宇宙、世界が誕生
	天地創造		ガイア（大地）の誕生と天地創造
			天空の神ウラノスによる統治 クロノスが父ウラノスを倒す
	黄金の時代		農耕の神クロノスによる統治 人類誕生 ティタノマキア ゼウスが父クロノスを倒す
	銀・青銅の時代		天空の支配者ゼウスによる統治がはじまる
		紀元前20世紀頃	ミノア文明が栄える
		紀元前15世紀頃	ゼウスによる洪水で人間が滅びる
			ミノア文明の崩壊
	英雄の時代	紀元前13世紀頃	英雄たちの活躍
			ミケーネ文明が栄える
			トロイア戦争
		紀元前12世紀頃	ミケーネ文明の崩壊
	鉄の時代へ		
アルカイック期		紀元前800年頃	二大詩人の活躍 叙事詩『イリアス』『オデュッセイア』が成立
		紀元前776年	古代オリンピックのはじまり
古典期		紀元前447年	パルテノン神殿創建
			三大悲劇詩人が活躍
		紀元前5世紀頃	舞台劇『オイディプス王』などが上演される
ヘレニズム期		紀元前4世紀頃	アレクサンドロス大王の東方遠征 ギリシャ神話が世界に広まる
ローマ期		紀元前2世紀頃	全ギリシャがローマの属州となる ローマ神話への発展
ルネサンス期		14世紀～16世紀頃	古代ギリシャ・ローマ文化への再注目 ギリシャ・ローマ神話が芸術作品の人気テーマに

プロローグ ➡P2
天地創造の物語

第1章 ➡P26
神々の争いと人類誕生

第2章 ➡P66
オリュンポスの神々の事件簿

第3章 ➡P124
英雄たちの冒険譚

第4章 ➡P182
トロイア戦争とオデュッセイア

第5章 ➡P230
ギリシャ悲劇の世界

※黒字の項目は神話に関わる出来事。

地図で見る ギリシャ神話の舞台

ギリシャ神話はクレタ島を中心に栄えたミノア文明、ミュケナイ地方で興《おこ》ったミケーネ文明の時代を反映したとされる。アテナイ、デルフォイ、トロイアなど、各地に残る神話の舞台を紹介する。

トラキア
アレス生誕地
サモトラケ島
レムノス島
ヘレスポントス海峡
トロイア
レスボス島
アイオリス
エーゲ海
キオス島
イカリア島
サモス島
ヘラ生誕地
デロス島
ロドス島
ポセイドン生誕地
クノッソス

トロイア戦争の舞台

叙事詩『イリアス』に語られるギリシャとトロイアの戦場。英雄アキレウスの活躍やトロイの木馬など多くの逸話が有名。

アポロンとアルテミス生誕地

ゼウスの妻ヘラに追われた女神レトが、この島にたどり着き太陽の神アポロンと月の女神アルテミスの双子を生んだ。そして島を、輝くという意味のデロスと名づける。

●……古代都市
□……地域名
▲……山
マケドニア
カルキディケ
オリュンポス山
テッサリア
イオニア海
パルナッソス山
エウボイア島
イタケ島
カリュドン
デルフォイ
テーバイ
アカイア
コリントス
アテナイ
アッテカ
ミュケナイ
アルカディア
オリュンピア
メッセネ
アルゴス
スパルタ
ラコニア
キュラテ島
地　中　海
クレタ島

神々が住まう聖地

ギリシャの神々が本拠地とした場所。階級社会を形成し、ゼウスを筆頭にしたオリュンポス12神がその最高位に位置する。

世界の中心とされる地

アポロンの神殿が建てられている場所。ここが世界の中心と考えられており、ギリシャ中から神託を求める人々が集まった。

ペルセウスが拓いた都

ゴルゴン退治で有名な英雄ペルセウスが城壁を築いたという。トロイア戦争の総大将アガメムノーンの都としても繁栄した。

アテナが守護する都市

戦いの女神アテナと海の神ポセイドンがこの地の宗主権を争った。勝利したアテナは守護神となり、パルテノン神殿に祀られている。

ゼウスが育った島

父クロノスの目をごまかすため、生まれたばかりのゼウスは洞窟の中に匿われた。難を逃れたゼウスは島のニンフの手で育てられた。

ギリシャ神話の神々の特徴

ギリシャ神話には非常に多くの神が登場し、その神格もいくつかの種類に分けられる。神々の立ち位置を知ることで、より神話の世界への理解を深めることができるだろう。

個性豊かな神々の人間らしさが魅力

ギリシャ神話に登場する神々は神らしい威厳をもちつつも、時に悩み、時に失敗し、奔放《ほんぽう》な恋愛を楽しむなど、感情豊かで人間臭い魅力にあふれている。性格も権能もさまざまな彼らだが、その出自などによっていくつかのグループに分けることができる。

神々の多くはオリュンポス山の高みに暮らし、日々をにぎやかに過ごしながら地上を見守っているとされた。そんな天上の社会で頂点に君臨していたのが、全知全能の最高神ゼウスを筆頭とした「オリュンポス12神」だ。ポセイドンやアポロン、アルテミス、アテナなど、ゼウスのきょうだいや子どもたちで、ギリシャ神話の顔ともいえる神がそろっている。

神々の王として知られるゼウスは、創世から数えて3番目の支配者であり、祖父のウラノス、父のクロノスに続いて世界の覇権を手にした。ウラノスは天空を擬人化した「原初の神々」のひとりで、最初の王となったが、息子のクロノスによって王権を奪われる。このクロノスはウラノスと大地の女神ガイアの間に生まれた「ティタン神族」のひとりだ。この種族名は、クロノスたち12人のきょうだいのことを指すが、その子孫たちも含めて呼ぶこともある。英語では「タイタン」と発音し、「巨大な」という意味で多くのものの名の由来になっている。

このほかにも、森、川、泉など自然の中には多くの精霊たちが暮らしており、若く美しい女性の姿をした精霊のニンフは、しばしば神々の恋物語にも登場する。また、神話で語られる英雄たちは、神と人の子どもである半神として、超人的な力をもって活躍することが多い。

雲の上に集うオリュンポスの神々の姿が描かれた天井画。ルネサンス期を代表する画家ラファエロの作品。

ラファエロ『神々の会議』（ヴィラ・ファルネジーナ天井画）

神話に登場する神々と特徴

オリュンポスの神々

オリュンポス山の高みに暮らし、世界を治めている神々。特に主要な神々は「オリュンポス12神」と呼ばれ、最高神ゼウスのきょうだいや子どもたちが中心だが、ハデスは地下の冥界にいることが多いため12神に含まれない。ヘスティアの代わりに、ぶどう酒の神ディオニュソスが12神に数えられることもある。

オリュンポス12神

★ゼウス	★ポセイドン
★ヘラ	★デメテル
★ヘスティア	★アフロディーテ
★アレス	★アテナ
★アポロン	★アルテミス
★ヘパイストス	★ヘルメス

ティタン神族

ガイアとウラノスの子である男女６人ずつの神々。ゼウスの父親クロノス、母親レアなどを指す。世界の支配権をかけたティタノマキアでオリュンポスの神々に敗れたのちは奈落《タルタロス》に幽閉されるが、ゼウスたちに好意的だった一部の者は、その後もともに暮らしている。

原初の神々

世界のはじまりとともに誕生した第１世代の神々。原初の存在であるカオス（虚空）、すべての母ともいえるガイア（大地）、その子であり夫となるウラノス（天）など。後世、愛と美の女神アフロディーテの息子として描かれる愛の神エロスも、本来はこのグループに属する神だった。

英雄（半神半人）

英雄は神と人との間に生まれた半神であることが多い。ゼウスの息子ヘラクレスや、女神テティスの息子アキレウスなど。神のように完全な不死ではないが、超人的な力をもって活躍し、死後に天界へ迎えられて神となるケースも。

ニンフ（精霊）

森や川などの自然に宿る精霊のような存在。若く美しい女性の姿で、下級の女神ともされる。しかし不死の存在ではない。神でも人間でもない存在としては、他にも半人半馬のケンタウロスや、牧神パンと同一視されるサテュロスなどがいる。

ギリシャ神話 神々の系譜

ギリシャ神話には数多くの神々が登場し、その関係性も複雑だ。ここでは本書に登場するキャラクターを中心にひとつの系図にまとめた。本編の理解をより深めるための手がかりとなるだろう。

※1 ティタン神族には、その末裔も含まれる場合がありますが、本書ではクロノスのきょうだいのみとしています。
※2 オリュンポス12神には、ヘスティアの代わりにディオニュソスが入る場合もあります。
※3 アフロディーテは、切り取られたウラノスの性器から誕生したため、便宜上ウラノスの系譜としています。
※4 エロスは原初から存在する神であるともされますが、本書ではアフロディーテの子としています。

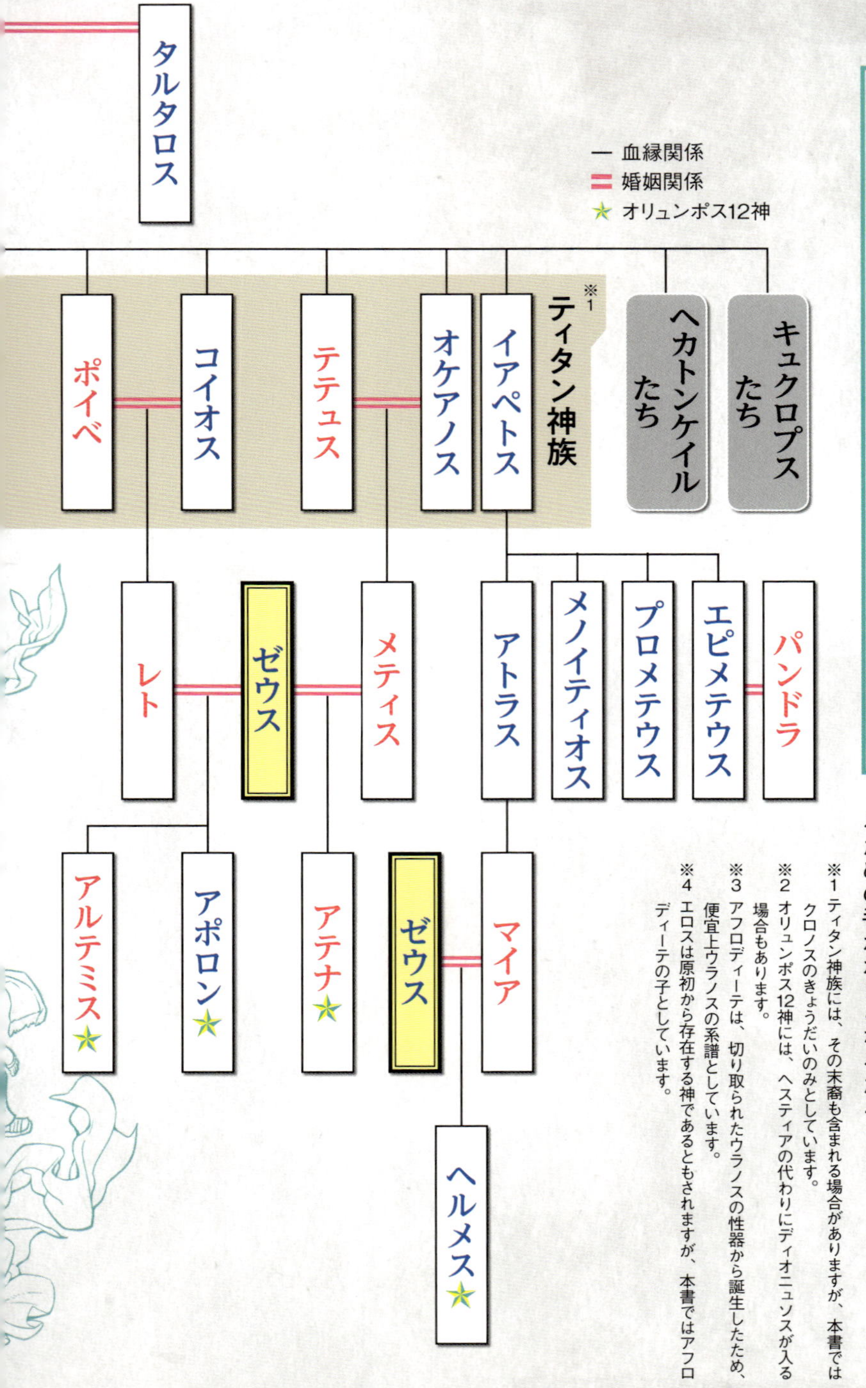

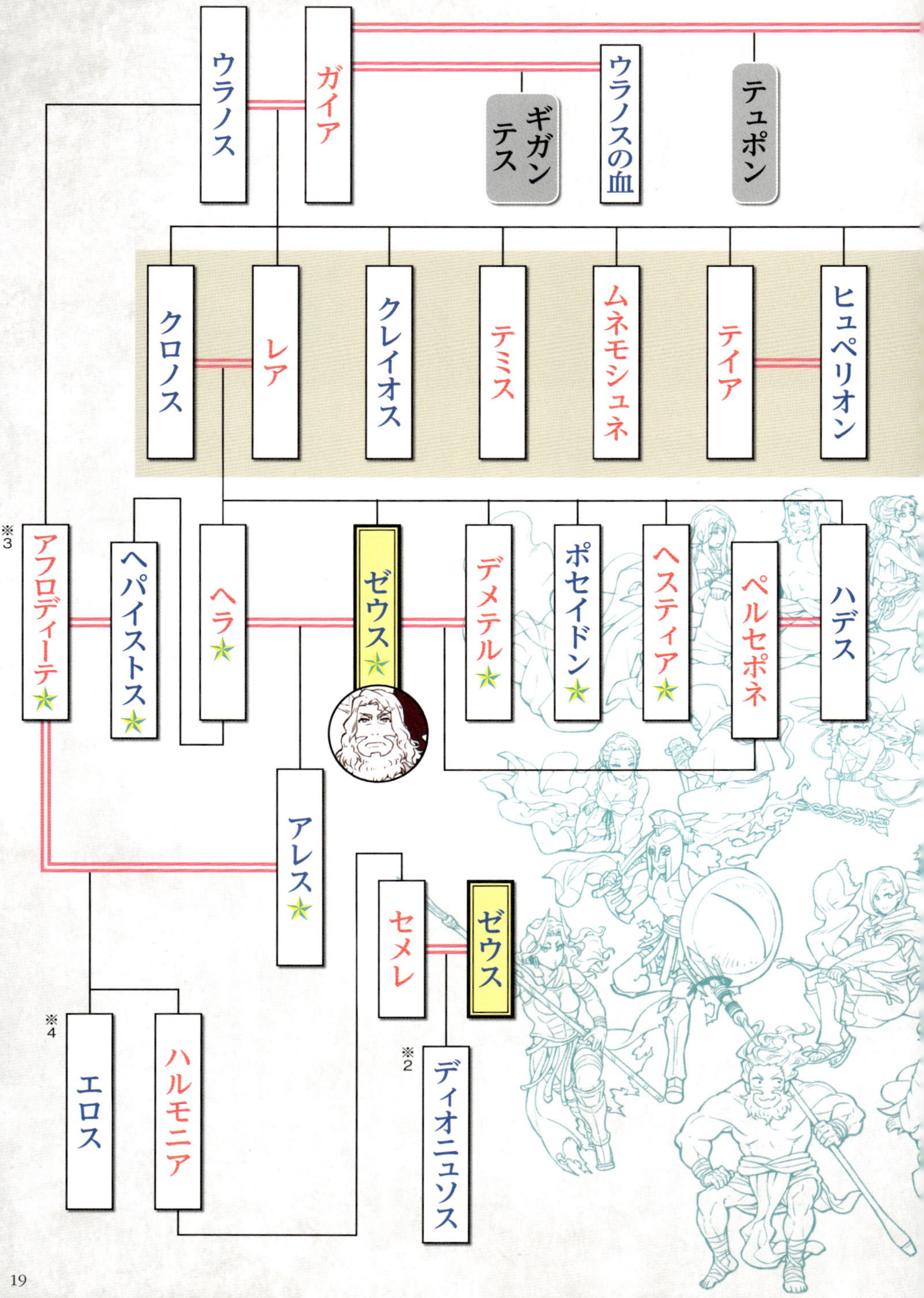

ウラノス
ガイア
ウラノスの血
ギガンテス
テュポン
クロノス
レア
クレイオス
テミス
ムネモシュネ
テイア
ヒュペリオン
※3
アフロディーテ★
ヘパイストス★
ヘラ★
ゼウス★
デメテル★
ポセイドン★
ヘスティア★
ペルセポネ
ハデス
アレス★
セメレ
ゼウス
※4
エロス
ハルモニア
※2
ディオニュソス

ギリシャ神話と芸術作品

古代ギリシャや古代ローマの遺跡からは、神話をテーマにしたさまざまな芸術品が出土し現代に残されている。また、古代ギリシャの美術は、後世の絵画や彫刻作品にも大きな影響を与えた。

泡から生まれたという愛と美の女神ヴィーナス(アフロディーテ)が、帆立貝に乗り風に運ばれてキプロス島へ上陸する姿を描いている。ルネサンスを象徴する名画だ。
サンドロ・ボッティチェッリ『ヴィーナスの誕生』(ウフィツィ美術館蔵)

今なお美術の基準となる 古代ギリシャの美

古代ギリシャの芸術家や職人たちは、神話に登場する人物やエピソードを、彫刻や壷絵、壁画といった芸術作品に残した。『ミロのヴィーナス』や『ラオコーン像』をはじめ、ギリシャ美術の美しさと写実性の高さには目を見張るものがある。これらはすべて紀元前の作品だが、現代でも美術のデッサンにギリシャ彫刻の胸像が使われているなど、今なお美術の基準は古代ギリシャの芸術にあるといえる。

その後、ギリシャ美術はローマ文化に取り入れられ、ヨーロッパの芸術に大きな影響を与えた。しかし2世紀頃になると、キリスト教普及の影響もあり、ギリシャ的な肉質感のある彫刻や、神話の一場面を描く「神話画」の作品数は減少してしまう。

ギリシャ芸術の価値が再評価されるようになるのは14世紀頃。イタリアのフィレンツェで興った「ルネサンス」をきっかけに、多くの画家や彫刻家が古代ギリシャの作風にならい、次々と名作を生み出した。神話画も再び数多く描かれるようになった。ボッティチェッリの『ヴィーナスの誕生』や『春』は、ルネサンス最盛期を告げる象徴的な作品といえる。

ギリシャ神話は芸術家の創作意欲をくすぐり、現在も多くの作家にインスピレーションを与え続けている。

トロイア戦争のきっかけとなる「パリスの審判」。16世紀末から17世紀初頭、バロック期のフランドル絵画を代表する画家ルーベンスが、ゼウスの妻ヘラ、戦いの女神アテナ、アフロディーテを美しく描き上げている。
ピーテル・パウル・ルーベンス『パリスの審判』（ロンドン・ナショナル・ギャラリー蔵）

19世紀前半に発掘されたギリシャ彫刻。制作年は紀元前2世紀末頃と考えられている。ヘレニズム的なゆるやかな体のねじれが特徴的な作品。
『ミロのヴィーナス』（ルーヴル美術館蔵）

19世紀から20世紀にかけて興った美術運動「アールヌーボー」を代表する画家、クリムトが描いた神話画。横たわる女性は英雄ペルセウスの母ダナエ。彼女を見初めたゼウスが黄金の雨となって降り注ぐ場面を表している。
グスタフ・クリムト『ダナエ』（ヴュルトレ画廊蔵）

ギリシャ神話と黄道十二星座

古来から季節の移り変わりや占星術などの指標とされている黄道十二星座。
これらの星座にも、ギリシャ神話にまつわる物語がある。

おひつじ座

▶P177

英雄イアソンが探し求めた黄金の毛皮をもつ羊。ゼウスに子どもの保護を命じられ、その功績で星座となった。

おうし座

▶P177

ゼウスは牡牛に姿を変え、テュロスの王女エウロペをさらった。このときのゼウスの姿が星座になったという。

ふたご座

▶P222

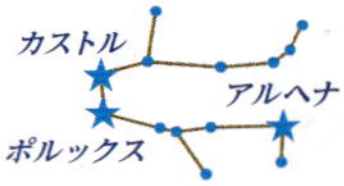

スパルタ王妃レダとゼウスの間に生まれた双子、カストルとポリュデウケスが星座になったといわれている。

かに座

▶P177

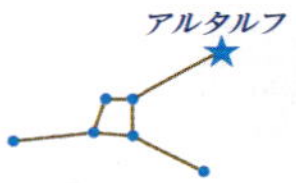

英雄ヘラクレスと怪物ヒュドラが戦った際、女神ヘラが差し向けた巨大なカニ。ヘラクレスに潰され星座となった。

しし座

▶P177

英雄ヘラクレスと戦ったネメアのライオン。ゼウスはこのライオンの奮闘を讃え、星座にしたという。

おとめ座

▶P119

豊穣の女神デメテルなど、何人かの女神がモデルといわれている。手には豊穣の象徴である麦の穂を持つ。

てんびん座

▶P119

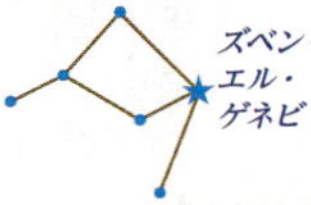

正義の女神アストライアは、人間に愛想を尽かして天に上った。彼女が手に持つ天秤が星座となったという。

さそり座

▶P118

大地の女神ガイアが、狩りの腕を誇り傲慢なオリオンに怒り、差し向けたサソリが星座となった。

いて座

▶P223

アキレウスら英雄の師とされるケンタウロスの賢者ケイローンが、空に上げられ星座となったもの。

やぎ座

▶P61

怪物テュポンに突然襲われた牧神パンが、驚きのあまり半分羊、半分魚の姿に変身したこっけいな姿。

みずがめ座

▶P61

不死の神酒ネクタルの入った水瓶が星座になった。この水瓶はゼウスがさらってきた少年ガニュメデスが持つという。

うお座

▶P61

怪物テュポンに襲われた愛と美の女神アフロディーテと息子エロス。このふたりが、魚に変身して川に逃げ込んだ姿。

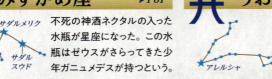

第一章
神々の争いと人類誕生

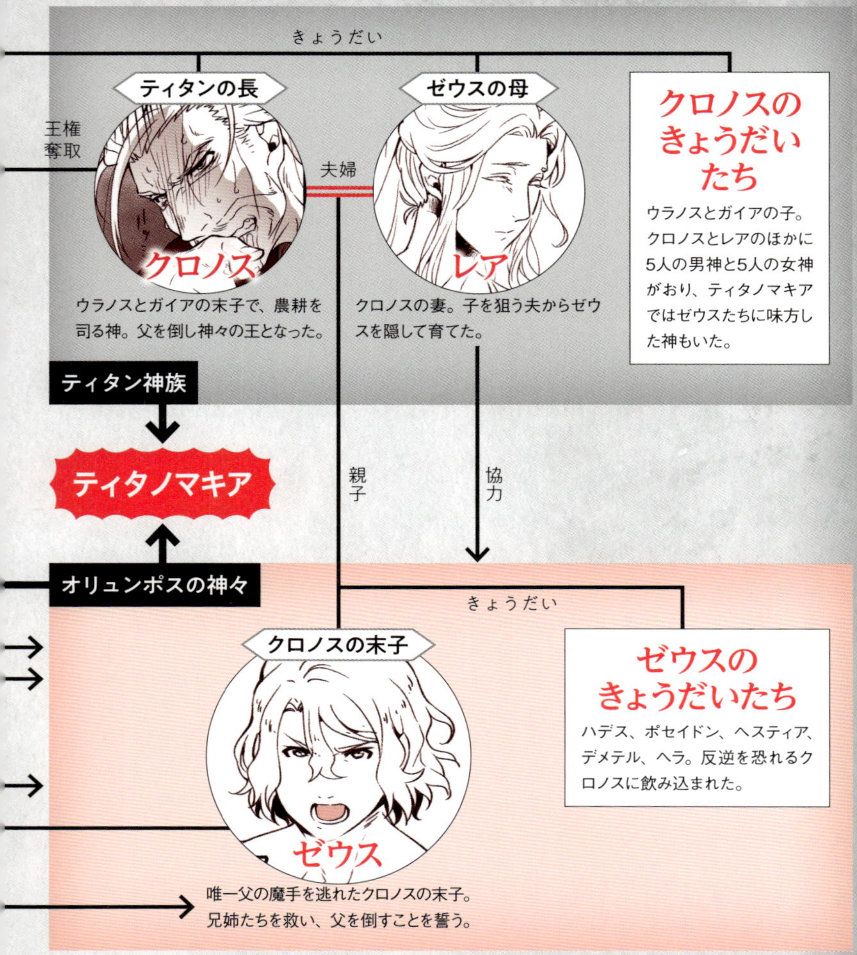

第一章 あらすじと登場人物相関図

旧世代の神々を下し ゼウスが世界の支配者に

神々の王クロノスは「いずれ自身の子どもに倒される」という予言を恐れ、生まれた子を次々に飲み込んでいた。

母レアによって救い出され、クレタ島でひっそりと育てられた末子ゼウスは、祖母ガイアの助言を得てきょうだいたちを救いだし、クロノス率いるティタン神族と激突。長く続いた戦いに勝利し、世界の支配者となった。

人間が力をつけることをよく思わないゼウスは、ティタン神族の末裔プロメテウスが天界の火を盗んで人間に与えたことを罰し、最初の女性パンドラを送り込んで人類に災厄をもたらす。

また、ガイアが送り込んだギガンテスやテュポンといった強敵を下したことで、ゼウス率いる神々による支配は確固たるものとなっていった。

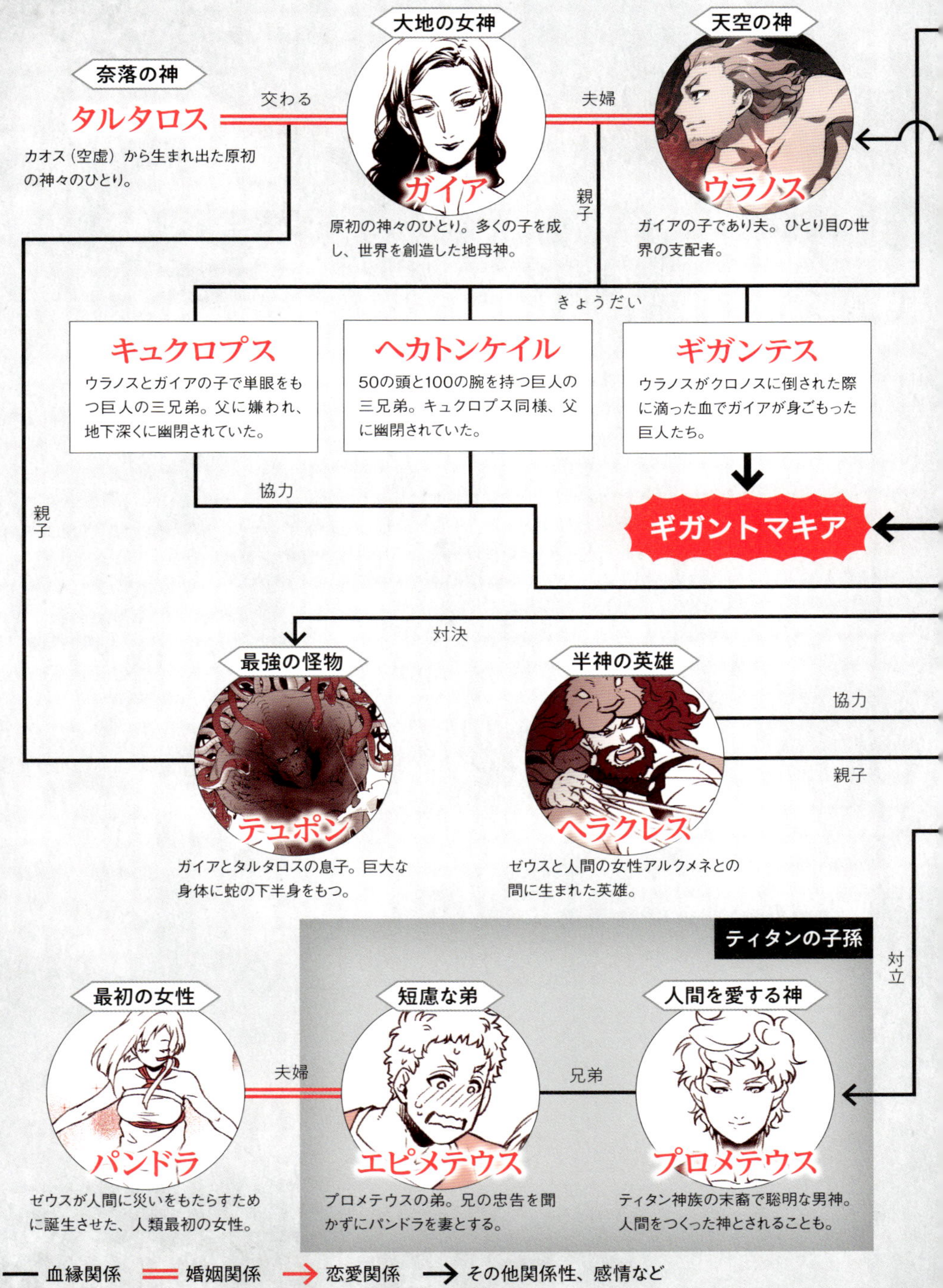
奈落の神
タルタロス
カオス（空虚）から生まれ出た原初の神々のひとり。
交わる
大地の女神
ガイア
原初の神々のひとり。多くの子を成し、世界を創造した地母神。
夫婦
天空の神
ウラノス
ガイアの子であり夫。ひとり目の世界の支配者。
親子
きょうだい
キュクロプス
ウラノスとガイアの子で単眼をもつ巨人の三兄弟。父に嫌われ、地下深くに幽閉されていた。
ヘカトンケイル
50の頭と100の腕を持つ巨人の三兄弟。キュクロプス同様、父に幽閉されていた。
ギガンテス
ウラノスがクロノスに倒された際に滴った血でガイアが身ごもった巨人たち。
協力
ギガントマキア
親子
対決
最強の怪物
テュポン
ガイアとタルタロスの息子。巨大な身体に蛇の下半身をもつ。
半神の英雄
ヘラクレス
ゼウスと人間の女性アルクメネとの間に生まれた英雄。
協力
親子
ティタンの子孫
対立
最初の女性
パンドラ
ゼウスが人間に災いをもたらすために誕生させた、人類最初の女性。
夫婦
短慮な弟
エピメテウス
プロメテウスの弟。兄の忠告を聞かずにパンドラを妻とする。
兄弟
人間を愛する神
プロメテウス
ティタン神族の末裔で聡明な男神。人間をつくった神とされることも。
血縁関係
婚姻関係
恋愛関係
その他関係性、感情など

最高神ゼウスの誕生

クレタ島
おぎゃあ
おぎゃあ

洞窟の奥深くでニンフたちに囲まれ
ひとつの産声《うぶごえ》があがった
おぎゃあ
ふぎゃ

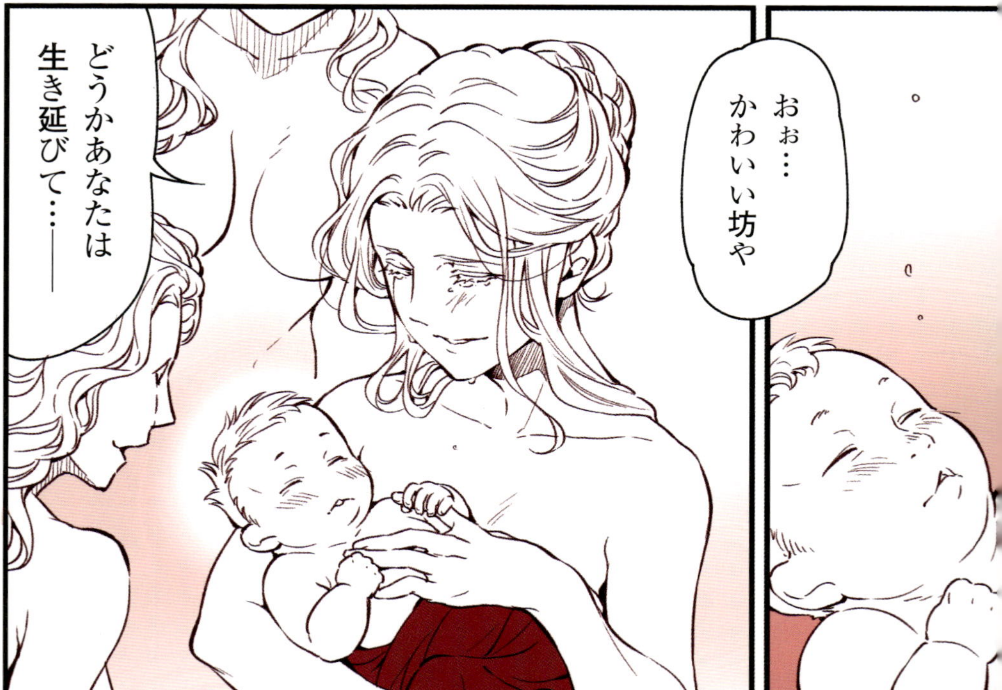
おぉ…かわいい坊や
どうかあなたは生き延びて…——

夫クロノスの目を逃れ
クレタ島の洞窟で
ゼウスを生んだ女神レア
これはクロノスが
自らの父ウラノスを倒し
支配者の座を奪ったときに受けた
恐ろしい予言が原因であった
貴様も自らの子どもに
権力を奪われるだろう
この予言を恐れたクロノスは
レアが子を生むたびに
飲み込んでしまうことに
したのである

子どもを奪われる苦しみに耐えられなかったレアは
6番目の子どもだと偽って産着で包んだ石をクロノスに飲ませ
お腹の子が生まれる前に夫から逃げ出したのであった
そして時は流れ——
おばあさま…
どうして母はあんなに悲しそうな顔をしているのでしょうか
クロノスとレアの末子
ゼウス

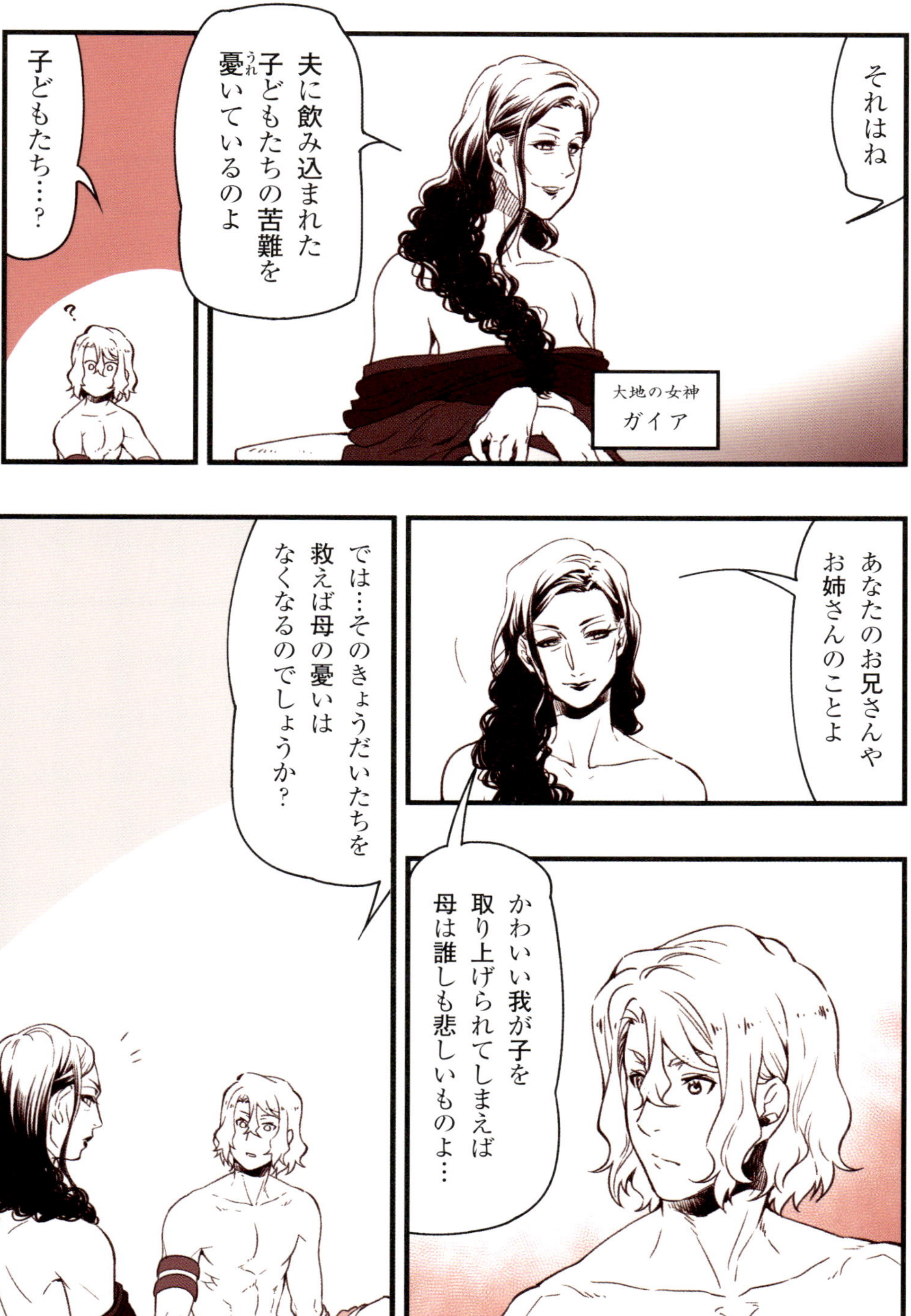

それはね
大地の女神
ガイア
夫に飲み込まれた
子どもたちの苦難を
憂《うれ》いているのよ
子どもたち…？
あなたのお兄さんや
お姉さんのことよ
かわいい我が子を
取り上げられてしまえば
母は誰しも悲しいものよ…
では…そのきょうだいたちを
救えば母の憂いは
なくなるのでしょうか？

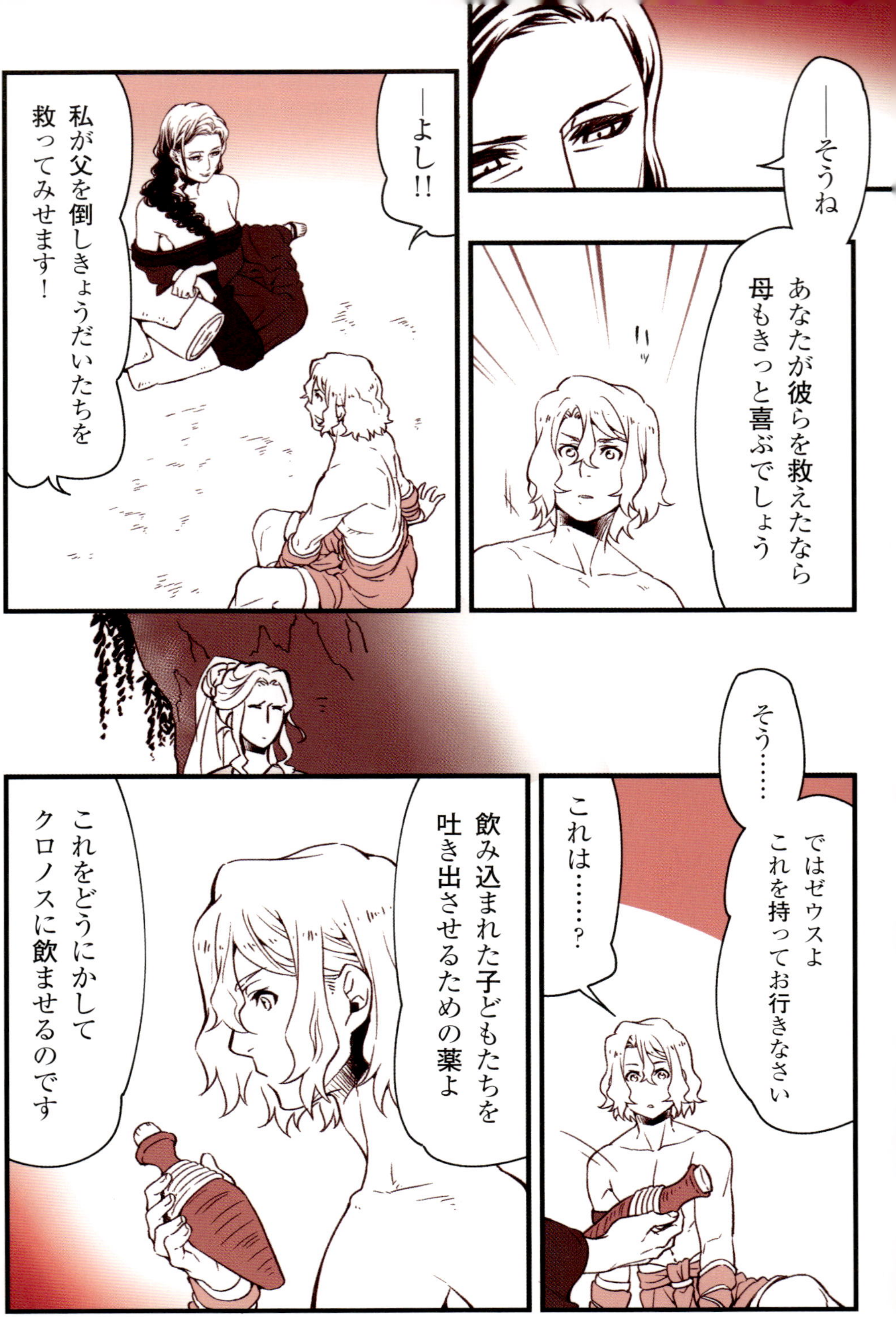

――そうね
あなたが彼らを救えたなら
母もきっと喜ぶでしょう
ハッ
――よし!!
私が父を倒しきょうだいたちを
救ってみせます！
そう……
ではゼウスよ
これを持ってお行きなさい
これは……？
飲み込まれた子どもたちを
吐き出させるための薬よ
これをどうにかして
クロノスに飲ませるのです

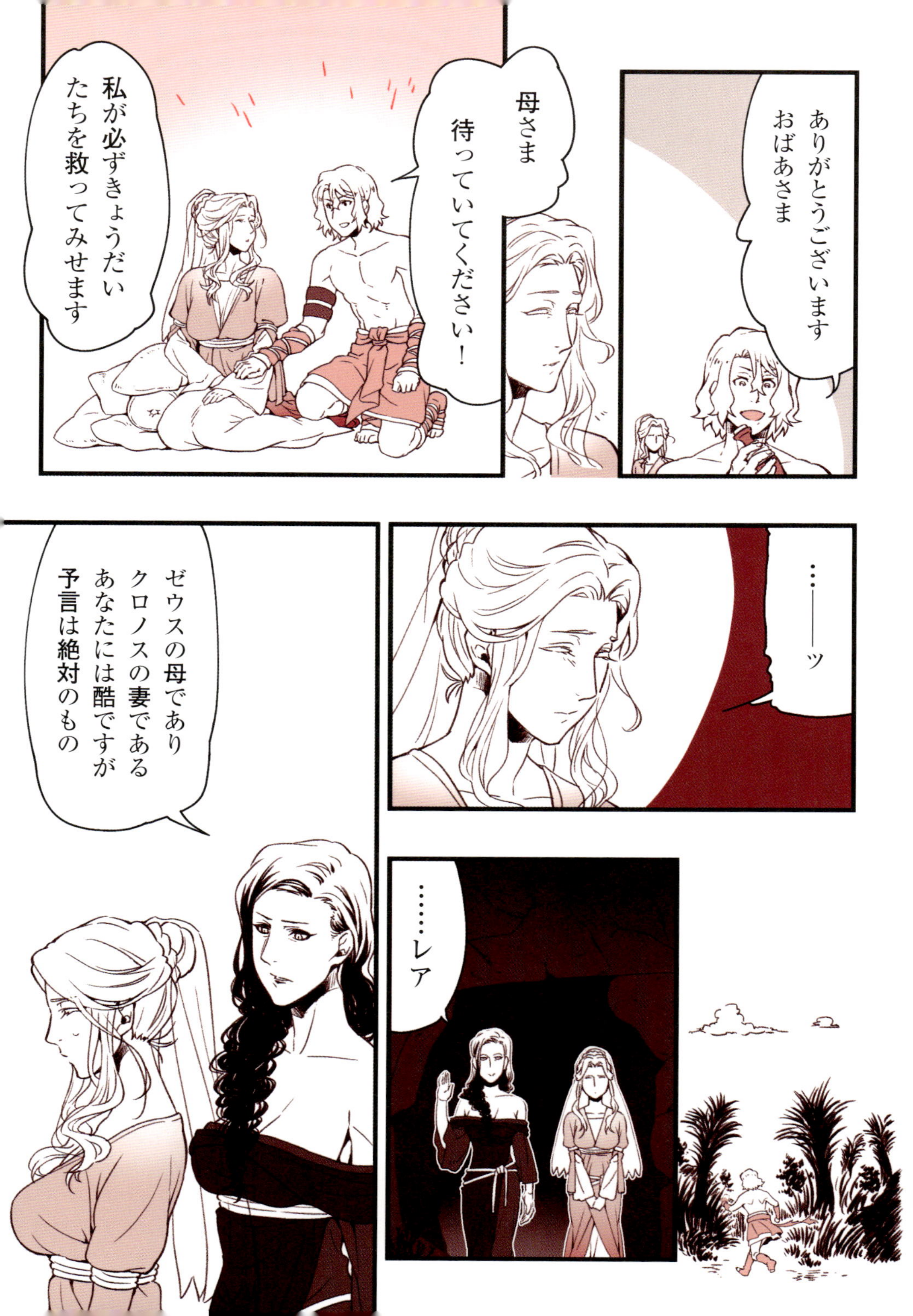
ありがとうございます
おばあさま
母さま
待っていてください！
私が必ずきょうだい
たちを救ってみせます
…──ッ
ゼウスの母であり
クロノスの妻である
あなたには酷ですが
予言は絶対のもの
……レア

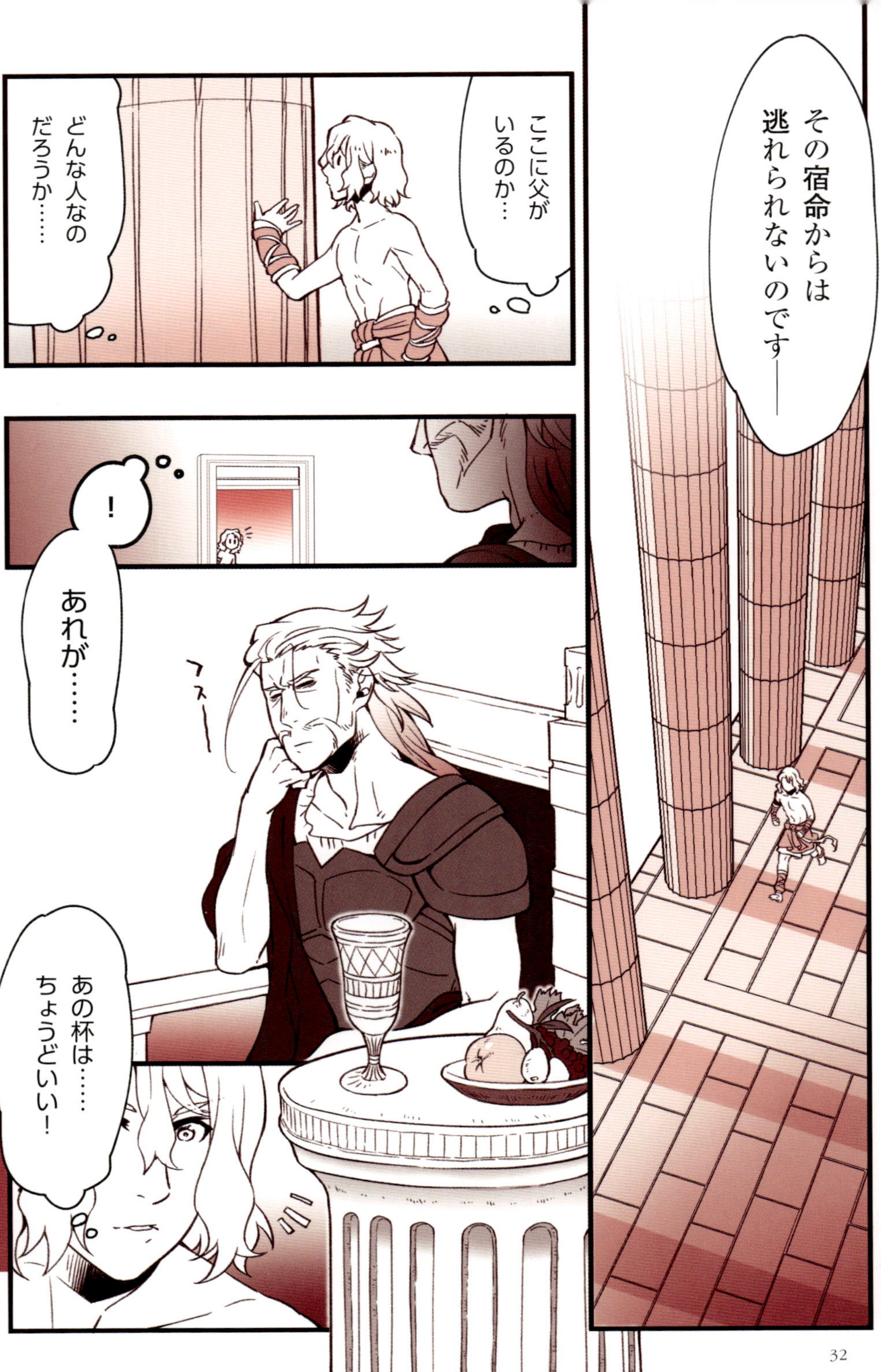
その宿命からは逃れられないのです——
ここに父がいるのか…
どんな人なのだろうか……
!
あれが……
フスー
あの杯は……ちょうどいい!

これにもらった
薬を入れて……
トプ
トプ
いかん……
眠ってしまった
ぶん
ぶん
スッ
――それにしてもレアは
一体どこへ行って
しまったのだ…？
ふぅ
ぐい

お
ぐ
ごぁあは!!!
ポセイドン
ヘラ
ハデス
デメテル
ヘスティア
よし!!
うぅ…外に出られたのか？
はぁ
わっ!
助かったのね……!
兄さま！姉さま！無事だったのですね！
お前は？

私はゼウス！あなたたちの6番目の弟です！
とにかく今はここを出ましょう！
ゲホッ
ゴフ
バタ バタ バタ
す…末の息子だと
まさか――
あの予言からは逃れられないのか…！
己の権力のために私たちを苦しめるとは…
父を…いや！
クロノスを私たちで倒そう!!

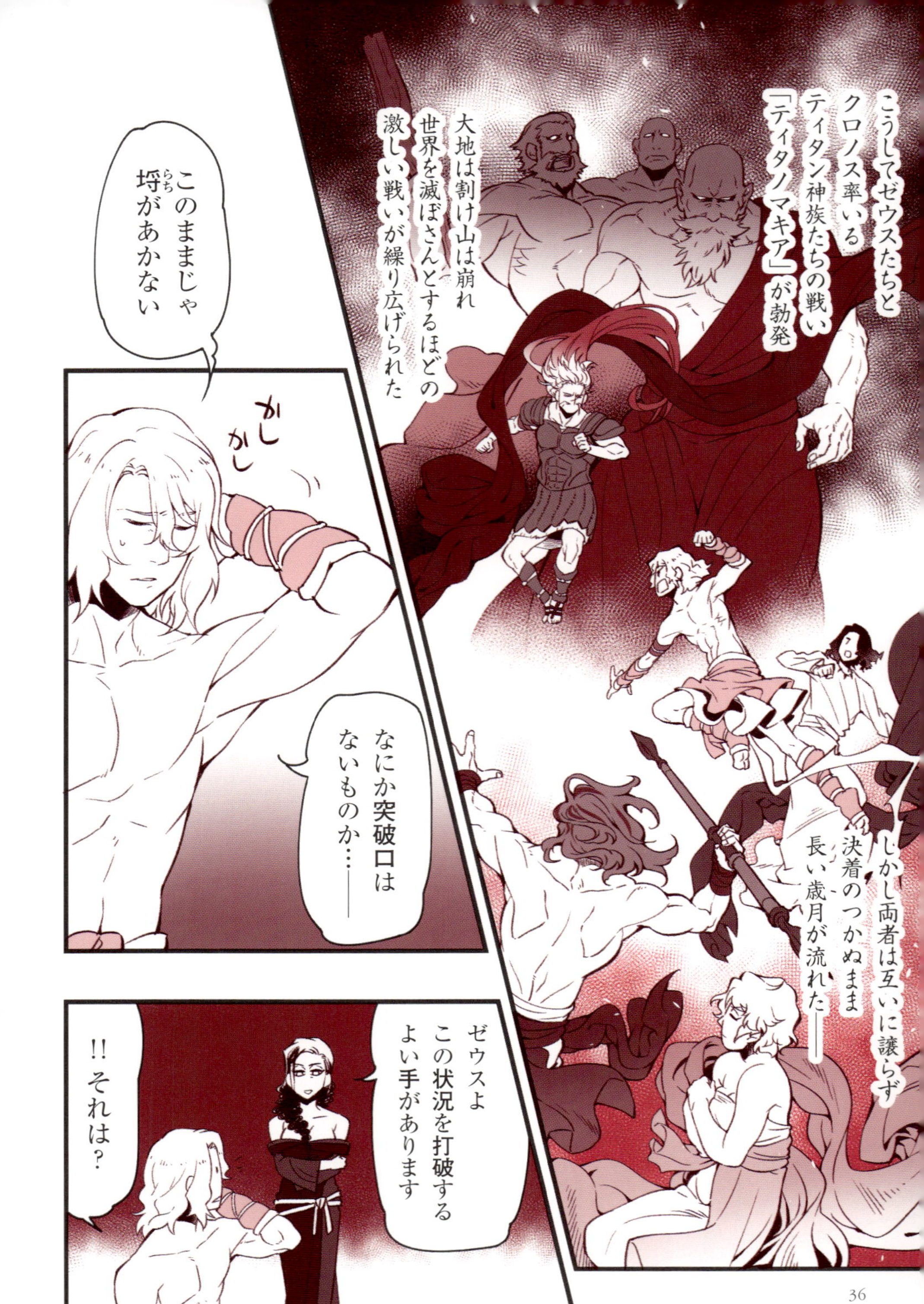

こうしてゼウスたちとクロノス率いるティタン神族たちの戦い「ティタノマキア」が勃発
大地は割け山は崩れ世界を滅ぼさんとするほどの激しい戦いが繰り広げられた
しかし両者は互いに譲らず決着のつかぬまま長い歳月が流れた——
このままじゃ埒《らち》があかない
かし かし
なにか突破口はないものか…——
ゼウスよ この状況を打破するよい手があります
!! それは？

地底の奥深くに奈落――
タルタロスと呼ばれる
暗く恐ろしい場所があります
そこに一つ目の巨人たちが
封じられているのです…
父ウラノスに嫌われ
閉じ込められてしまった我が子
キュクロプスたちです
！
父に疎《うと》まれた境遇は同じ
強大な力を持つ彼らも
きっと力を貸すことでしょう
ありがとう
ございます！
おばあさま！
よしきた！
オレとハデスが行って
連れてきてやるぜ！
ゼウスは
おばあさまたちと
待っていなさい
ハデスとポセイドンはタルタロスへ赴《おもむ》き
一つ目の巨人キュクロプスたちを開放
彼らはそのお礼にとハデスに「かくれ兜《かぶと》」
ポセイドンに「三叉の鉾」ゼウスに「雷」を贈った

さらに50の頭と100の腕をもつ
ヘカトンケイルという巨人たちも
味方にしたゼウスたちは
ついでに そのしたに いるのも つれてきたぜー
その強力な力をもって
テイタン神族を圧倒
ついにクロノスを退けることに
成功したのだった
ハッ…
ぐっ……あの忌々しい
予言さえなければ——
予言ではない
あなたの身勝手が
すべてを招いたのだ！

戦に敗れたクロノスたちは
ゼウスたちの手によって
タルタロスに幽閉された——
これで終わった…
ふぃーーっ
ゼウス…
やりましたよ
母さま!
たんっ!
クロノスを倒しきょうだいたちも
みな戻ってきました!
……——

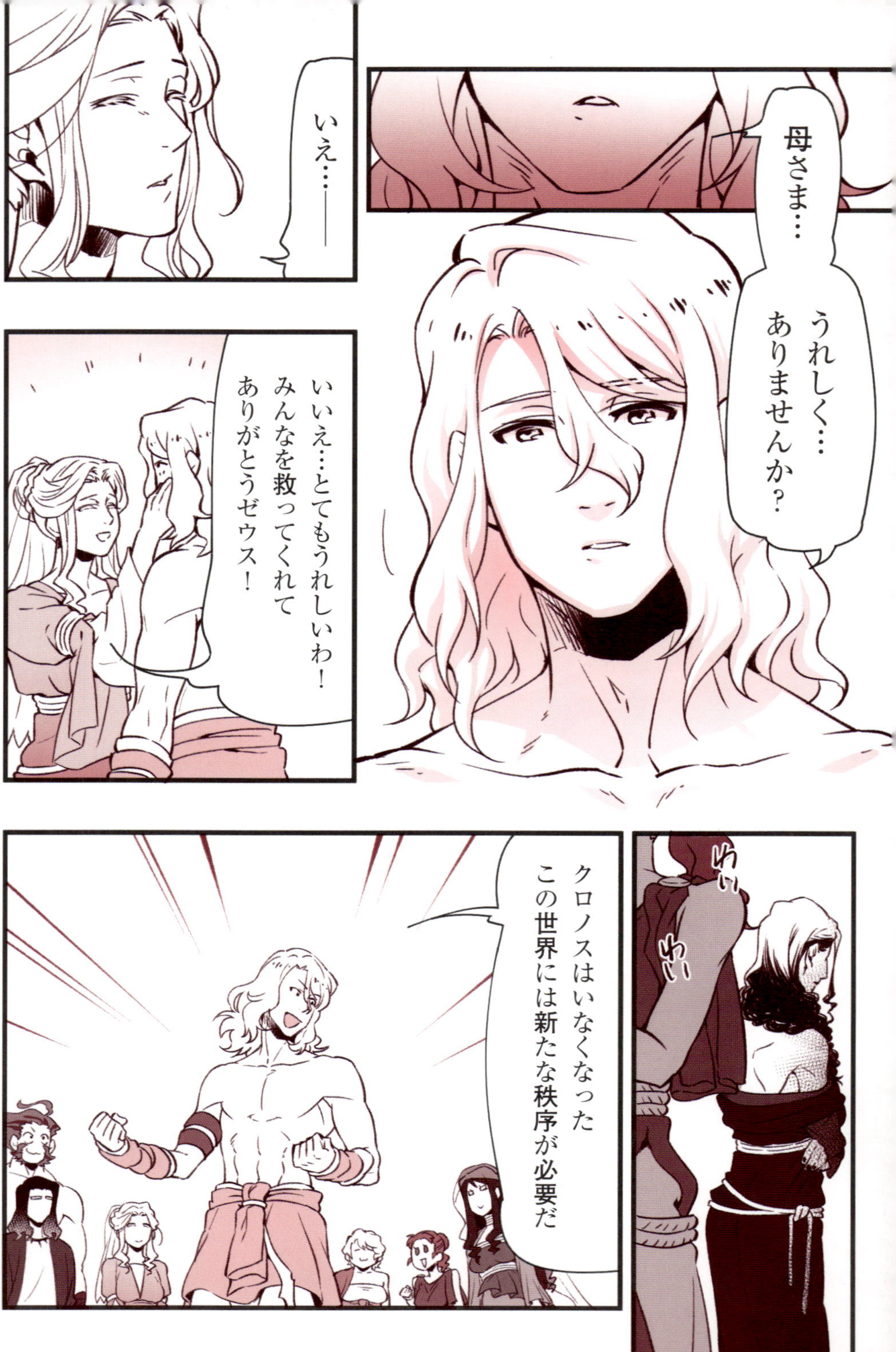
母さま…
うれしく… ありませんか？
いえ…――
いいえ…とてもうれしいわ！ みんなを救ってくれて ありがとうゼウス！
クロノスはいなくなった この世界には新たな秩序が必要だ
ぬい
ぬい

私たちで力を合わせて
豊かな世界を築いていこう！
ゼウスは天空を治める最高神となり
ポセイドンは海の支配者に
ハデスは地下の冥界を治めることとなった
神々はオリュンポス山の高みに集い地上を見守った
新たな神々も次々と誕生し
世界には秩序がもたらされた

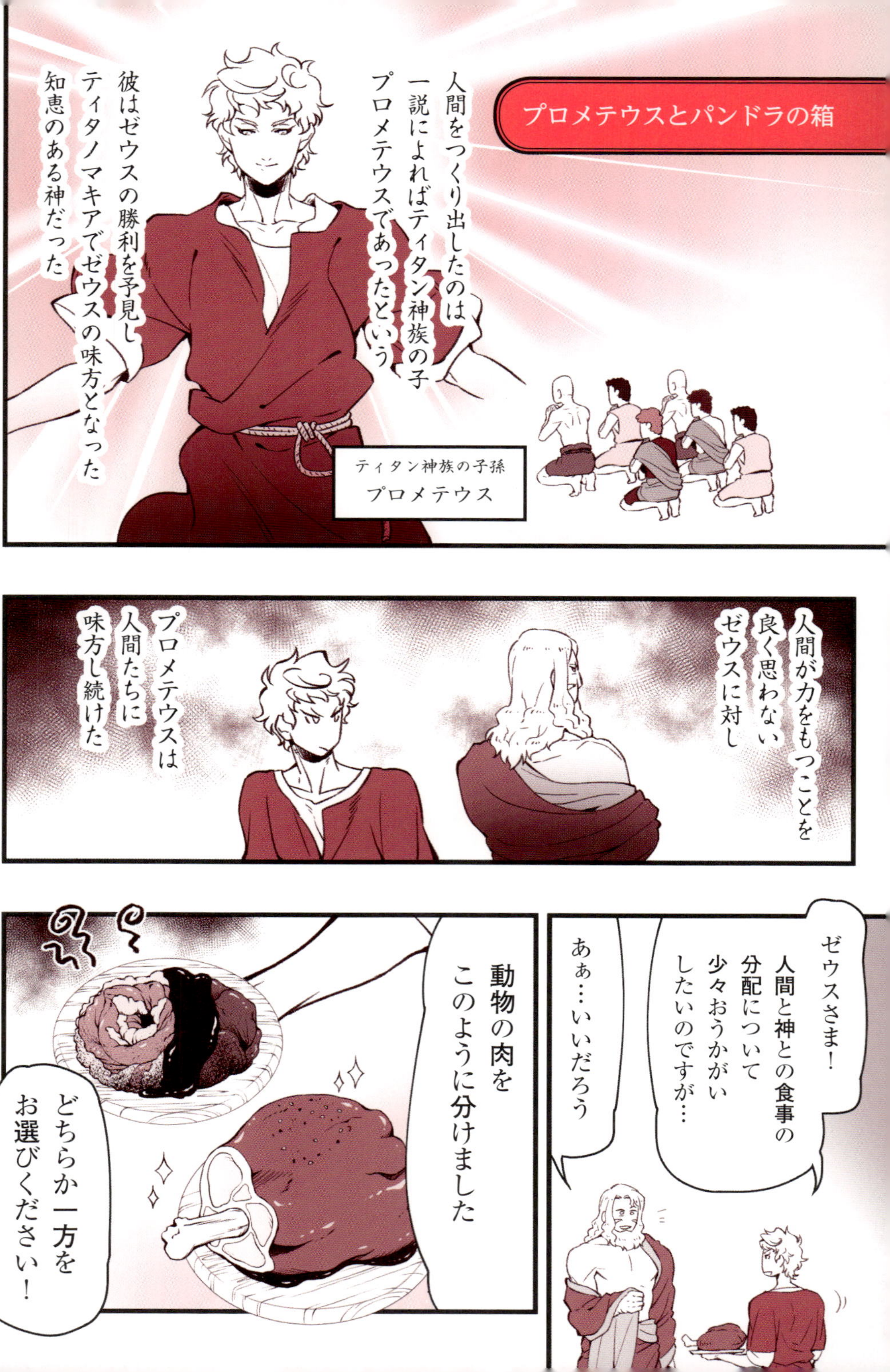
プロメテウスとパンドラの箱
人間をつくり出したのは一説によればティタン神族の子プロメテウスであったという
彼はゼウスの勝利を予見しティタノマキアでゼウスの味方となった知恵のある神だった
ティタン神族の子孫
プロメテウス
人間が力をもつことを良く思わないゼウスに対し
プロメテウスは人間たちに味方し続けた
ゼウスさま！人間と神との食事の分配について少々おうかがいしたいのですが…
あぁ…いいだろう
動物の肉をこのように分けました
どちらか一方をお選びください！

そんなもの こちらに決まっているだろう
んがっ!?
これは… 見かけだけで中身は骨ばかりではないか!!
こんなもの喰えたものでは——
ではこちらの身がたっぷりの肉は人間に与えてきますね!!!
待たんか プロメテウス!
こうして動物の肉は人間のものとなり 神へはその骨を捧げることになった
しかし——
あやつめ… 人間なんぞに肩入れしおって…
少しは仕置きが必要か…

プロメテウスさま
どうかお助けください…！
一体どうしたというのだ？
フワッ
急に火が失われてしまったのです——
凍える者や肉を生で食べて病気になる者も…
なんだって!?
ゼウスめ…
火を奪ったのか！
ギリ…
ゼウスは人間たちに肉を食べさせないようにするため火を取り上げてしまった
これを知ったプロメテウスは天界の炉から火を持ち出し再び人間たちに与えたのである
プロメテウスの加護を受けた人間たちは
火を使って文明を発達させ
豊かな暮らしを送れるようになった

天界から火を盗むとはな…
激昂したゼウスに捕らえられたプロメテウスは
カウカサス山の頂に縛りつけられ不死の肉体でその臓腑《ぞうふ》を毎日ワシに啄《ついば》まれ続けるという恐ろしい罰を受けることになった
プロメテウスよ
今度こそは許さんぞ…！
さらにゼウスは鍛冶の神ヘパイストスに命じて人類最初の「女性」をつくらせた
神々からあらゆる贈り物を授けられたその人間は「すべての贈り物《パンドラ》」と名づけられた
人類最初の女性
パンドラ

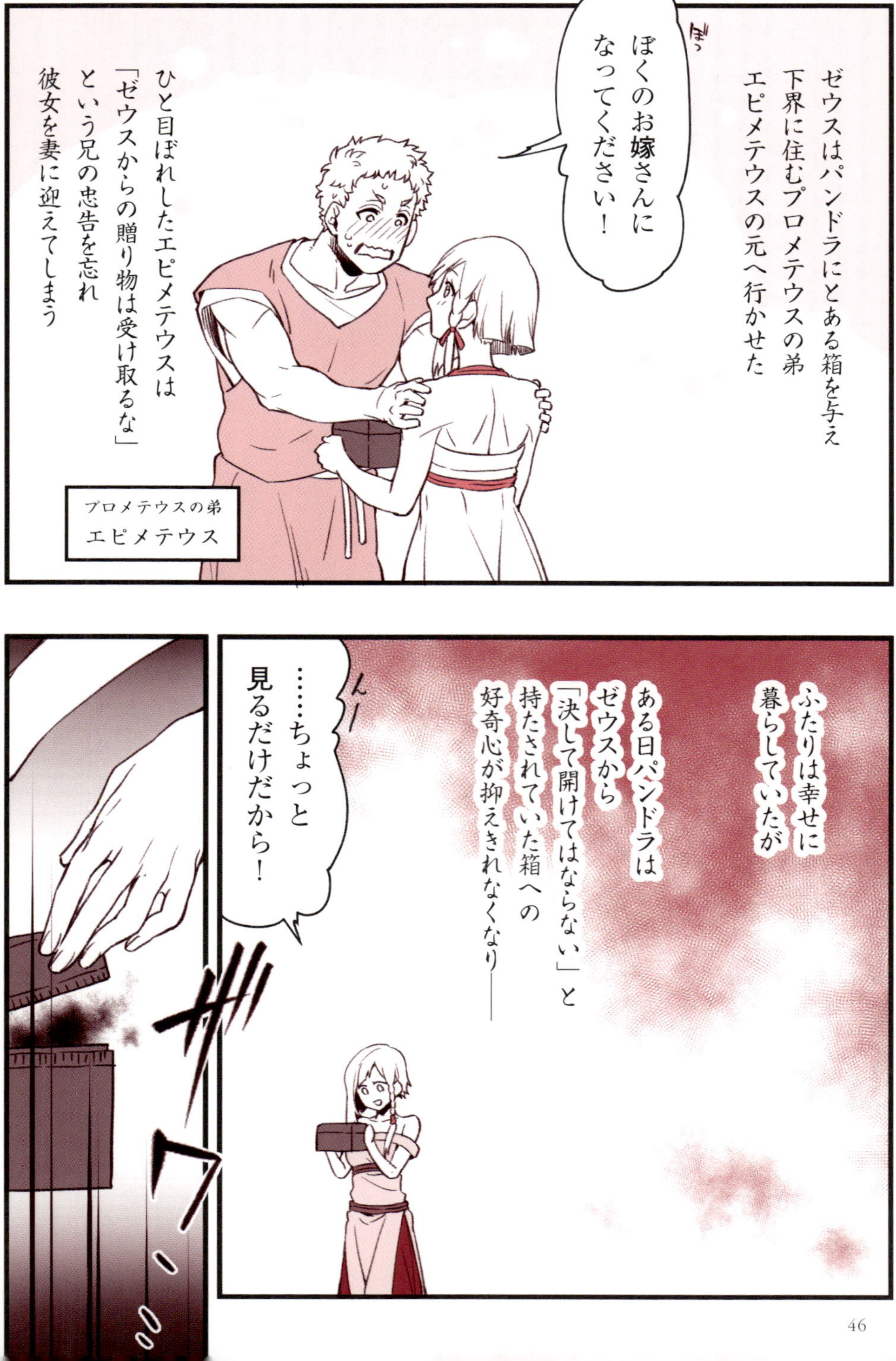
ゼウスはパンドラにとある箱を与え
下界に住むプロメテウスの弟
エピメテウスの元へ行かせた
ぼっ
ぼくのお嫁さんになってください！
ひと目ぼれしたエピメテウスは
「ゼウスからの贈り物は受け取るな」
という兄の忠告を忘れ
彼女を妻に迎えてしまう
プロメテウスの弟
エピメテウス
ふたりは幸せに暮らしていたが
ある日パンドラは
ゼウスから
「決して開けてはならない」と
持たされていた箱への
好奇心が抑えきれなくなり――
んー
……ちょっと見るだけだから！
ガパ……

パンドラが開けた箱からは
病苦や憎しみといった災厄が
次々に飛び出し
地上を覆い尽くしてしまった
こうして人々は箱の底に唯一残った
「希望」を頼りに
災厄に満ちた世界を
生きていくこととなったのである
なんとむごいことを…!
フン…
愚かな人間には
ふさわしい末路よ

ギガントマキアとテュポンとの戦い
ゼウスの支配は順調に思えたが……——
ズシン
ズシン
ゼウスよ…
ティタンの神々をタルタロスから解放しなさい!
少し…少しこらしめるだけでよかったのです
それを…私のかわいい子どもたちをあんなところへ押し込めて——
解放しなければお前とて容赦はしません!

大きい…
ギガンテスか
おばあさま――
いやガイアよ その望み
叶えることはできぬ
この世界に
必要なのは秩序だ
虚空《カオス》より
生まれし原始の者たちの
時代は終わったのだ
こざかしい……
この子らに
勝てると思うなよ！

フン！
戦いと知恵の女神
アテナ
ゼウスさまの手を煩《わずら》わせずとも私の槍で充分だ！
ドガガッ
バキ！
戦争の神
アレス
軍神アレスに倒されたい奴ァ前に出ろ！
ドドドド
私たちも負けてられないわねアポロン！
純潔と狩りの女神
アルテミス
オオオオ
あぁ…でも——
あまり効いているようには見えないぞ…！
光明と予言の神
アポロン

フフフ…
だから勝てぬと
言ったであろう？
「神には殺せぬ」と
予言を受けた
この子たちにとって
お前たちなど
敵ではな――
では…
半神半人《わたし》の
弓ならばどうだ？
来たか
ヘラクレス！
半神半人の英雄
ヘラクレス

皆！ヘラクレスの援護をするのだ！
殺せなくとも動きを封じればよい!!
フン…ゼウスめこしゃくな策を
だがこの子が相手ならばもう勝機もあるまい——
いでよテュポン!!

我が最強の子よ!!!

!!?
さぁ…薙ぎ払っておしまい!!!
うわぁ
きゃあ
くッ…なんと凶悪な怪物《バケモノ》か…!!

ぐッ…!
メリ
メリ
メリ
ゼウスさま!
はっ
しっかりしてください
ゼウスさま!
伝令と商業の神
ヘルメス
ええい
しぶとい!
さっさと負けを
認めなさい!!
ハァ
それは…——

そちらの方だ!!!
ぬ
う
お
お
お
なッ…
ゴロゴロゴロ
おおおおお!!!
そんな…? テュポンが 敗れるなど…!?

テュポンは
シチリア島のエトナ山の
下敷きとなり封印された

こうして抗う者を
すべて倒したゼウスは
本当の意味で全知全能の神として
世界の頂点に君臨するのであった

ゼウスのきょうだいや子どもたちは
世界を治める重要な神として
「オリュンポス12神」と呼ばれた

彼らはときに慈悲深く
ときに容赦ない厳しさをもって
地上を見守りながら
自由奔放な暮らしを楽しんでいく――

ギリシャ神話 こぼれ話30

I

マンガで語りきれなかったエピソードや、ギリシャ神話の特徴的な世界観を紹介。第一章で描かれた、ゼウスが支配者となるまでの物語にまつわるこぼれ話をみていこう。

その1 黄金からはじまる人類の5つの時代

ギリシャ神話では、人類の誕生から現在までの歴史を「黄金、銀、青銅、英雄、鉄」の5つの時代に分けている。まず、クロノスが黄金の種族を創造。この時代は働く必要がなく、悩みや疲れもなかった。その後ゼウスが銀の種族、続いて青銅の種族を創造したが、いずれも貪欲で神を敬う心がなかったため、滅びの運命をたどることになる。

青銅の種族の生き残りから生まれたのが英雄の種族だ。ヘラクレスをはじめとする英雄たちがこの時代の主役だが、度重なる戦争により滅亡、最後に鉄の種族が誕生。

鉄の時代は最も愚かで悲惨な時代だが、古代ギリシャ人はこれが自分たちまで続く人間のルーツだとしており、いずれ滅びる運命にあると考えていた。

ピエトロ・ダ・コルトーナ『黄金時代』（パラティーナ美術館蔵）

その2 「パンドラの箱」はもともとは壺だった？

人間に災いをもたらすため、ゼウスがつくらせた最初の女性パンドラ。タブーに触れることを「パンドラの箱を開ける」と表現するように、彼女はこの世のあらゆる災厄の詰まった箱を持ってやって来た。

しかし、彼女が持っていたものは本来は箱ではなく、壺だったという。なぜ「壺」が「箱」に変わってしまったのか。箱として表現されるようになったのはルネサンスの頃とされており、誤訳、もしくは意訳したものが、そのまま定着したようだ。

箱（壺）からは無数の災いが飛び出したが、底には希望が残っていた。

その3

酒と演劇を司る神 ディオニュソス

オリュンポス12神のひとりとして数えられることもある神に、ぶどう酒の神であるディオニュソスがいる。主要な神々の中では比較的登場が遅く、人間の母をもつなど特異な存在だが、多くの芸術作品に登場し、ローマ神話名の「バッカス」として親しまれるなど人気を集めた。ぶどう酒のほかに演劇や舞踏音楽などを司り、芸術の神としても名高い。時代が進むと、かまどの女神ヘスティアに代わって12神の仲間入りを果たすようになった。

ディオニュソスの父はゼウス、母はセメレという人間の女性だった。セメレはヘラの策略により命を落とすが、胎児だったディオニュソスをゼウスが取り上げ、自らの太ももの中で育てた。やがて成長したディオニュソスは、オリュンポスの神として迎えられ、ゼウスたちとともに地上を治める神となったのだ。

神話ではディオニュソスがぶどう酒をつくる方法を発見したとされ、ぶどう酒に関連する物語も多い。あるときアッティカ地方を訪れたディオニュソスは、イカリオスという農夫からもてなしを受けた。そのお礼としてぶどうの木を授け、ぶどう酒の醸造方法を教えたという。イカリオスはぶどう酒を村人たちに振る舞ったが、人々は飲み慣れていない酒の味に毒を盛られたと勘違い。イカリオスは殺されてしまい、そこからぶどうの木が生えたというエピソードがある。

ディオニュソス（バッカス）の信徒は、しばしば酒を飲んで神がかりの状態に陥るといった特徴があった。とくにバッカイと呼ばれる女性信徒たちは、野山を駆け回り生肉を食べたといい、一部の支配者からは信仰を危険視され迫害を受けた。

また、英雄テセウスの手助けをしたクレタ島の王女アリアドネは、その後ディオニュソスに奪い去られたとも、テセウスに見捨てられたところをディオニュソスの妻として見初められたともいわれる。

レオナルド・ダ・ヴィンチ『バッカス』（ルーブル美術館蔵）

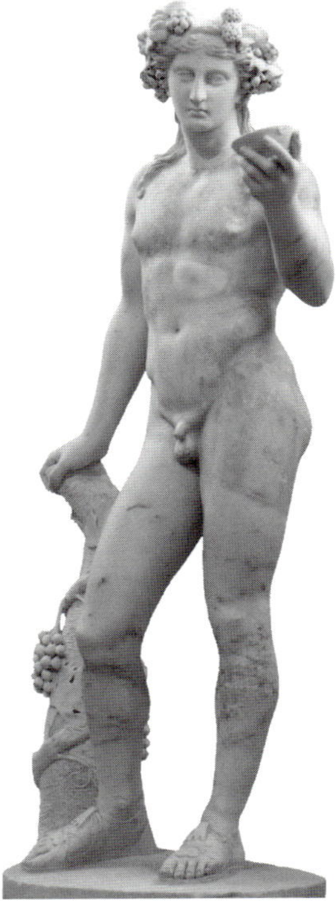

『ディオニュソス像』（ルーブル美術館蔵）

その4 ギリシャ神話を彩る若く美しいニンフたち

ヘンリエッタ・レイ『ヒュラスとニンフ』（個人蔵）

神話にしばしば登場するニンフたち。見た目は美しい若い女性で、精霊や妖精といったイメージに近く、木々や植物などを擬人化したものと考えられる存在だ。森や川、海などに住んでおり、神々とは異なり不死ではないが長命で、歌や踊りに長けている。父クロノスに命を狙われたゼウスを育てたのも、クレタ島に住んでいたニンフたちといわれている。

中には特定の神に従っている者もおり、月の女神アルテミスに仕えていたニンフのカリストは有名だ。プレアデス星団を象徴するニンフの7人姉妹もまた、アルテミスの従者として知られている。アポロンが恋をしたダプネ（月桂樹）や、お喋り好きがたたって山びこにされてしまったエコーなど、自然界にあるものの由来として語られることも。ときに主役となりときに脇役となり、ギリシャ神話を彩る存在といえるだろう。

その5 天を支え続ける怪力のアトラス

ティタノマキアでオリュンポスの神々に敗れたティタン神族はタルタロスに幽閉されたが、中でも怪力と巨体で暴れ回ったアトラスには、世界の西の果てで天空を支えるという特別な刑罰が科されることになった。いくら怪力のアトラスでも、一時も休むことができないこの任はとてもつらく、孤独なものだった。

そんなある日、英雄ヘラクレスが12の試練のひとつ、黄金のリンゴを求めてやって来る。アトラスは「黄金のリンゴは娘のヘスペリデスたちが守っている。取ってきてやるからその間、天を支えてくれ」とヘラクレスに言った。リンゴを手に戻って来たアトラスはそのままヘラクレスに仕事を押しつけようとしたが、気転をきかせたヘラクレスの「ではまず担ぎ方の見本を見せてくれ」という言葉を信じて、再び天を担ぐことになってしまった。

ジョン・シンガー・サージェント『アトラスとヘスペリデス』（ボストン美術館天井画）

その6 さまざまな怪物の父となったテュポン

大地の女神ガイアがゼウスを倒すために、奈落の神タルタロスと交わり生み落としたのが巨大な怪物テュポンだ。下半身は蛇のような姿をしており、その力はゼウスにも引けを取らなかった。目や口からは炎を放ち怪力を誇るテュポンは、ゼウスと死闘を繰り広げ、一度は圧倒するほどの暴れぶりを見せる。

テュポンは、美女の体に蛇の下半身、背中には翼をもつ不死の怪物エキドナを妻としたといい、ふたりの間には多くの子どもが生まれた。英雄ヘラクレスと戦う不死の怪物ヒュドラや、冥界の門を守る3つ首の番犬ケルベロス、ライオンの頭と羊の胴体、毒蛇の尻尾をもったキマイラ、女性の上半身とライオンの体をもつスフィンクスなど。現代でもゲームなどに登場するモンスターとして広く知られている怪物の多くが、テュポンの子どもとされている。

テュポンは巨大な身体に蛇の下半身をもち、肩からは無数の蛇が生えていたという。

その7 変身上手の神々と星座と結びついた物語

神々は自身の姿を変化させ、他人や動物に変身することができた。ゼウスはさまざまな姿で妻ヘラの目を逃れ、愛人に会いに行っている。トロイアの王子ガニュメデスは、鷲《わし》に姿を変えたゼウスにさらわれ、天界で神々にネクタルという不死の酒を注ぐ役割を与えられた。ガニュメデスが持つネクタルの壺が、星占いでおなじみの黄道十二星座のひとつ「みずがめ座」になったといわれている。

神々が変身した姿が星座となることもある。「やぎ座」は上半身は羊、下半身は魚という奇妙な姿を表しているが、これは牧神パンが突然現れた怪物テュポンに驚き慌てて変身したものだという。このときアフロディーテとエロスの母子《おやこ》も魚に化け、はぐれないよう尾をリボンで結んで逃げた。この姿が「うお座」になったという説もある。

ピーテル・パウル・ルーベンス『ガニュメデスの誘拐』(プラド美術館蔵)

オリュンピアの考古遺跡。競技場や神殿跡が残っている。

ギリシャ神話 遺跡案内 I

オリュンピア遺跡

古代オリンピックの舞台 祭典のはじまりの地

古代ギリシャでは、各地でさまざまな競技大会が開かれていた。中でも最も権威があったのが、ペロポネソス半島の田舎町、オリュンピアで行われる競技大会だ。これは最高神ゼウスに捧げるための祭典で、4年に一度開催されていた。今日、オリンピックが4年周期となっているのは、この伝統にならったためだ。古代ギリシャ人はこの大会を非常に重んじ、開催の前後3か月はギリシャ全土で武力行使や戦いの一切が禁じられるほどだった。

オリュンピアには競技場跡をはじめとする考古遺跡が残り、世界遺産にも認定されている。短距離走などの会場となった「スタディオン」と呼ばれる競技場、ゼウス、ヘラの神殿、優勝者に与えられる宝物が保管されていた宝物庫など、さまざまな歴史的遺構を見ることができる。ヘラ神殿は近代オリンピックにおいても聖火の採火式が行われる場所となっており、テレビなどでもよく目にすることができる。

オリュンピアの競技大会の起源は、半神の英雄ヘラクレスが披露した奉納競技だともされる。ゼウス神殿の中には、ヘラクレスが挑んだ12の難業を讃えたレリーフが飾られていた。

当時の選手たちはヘラクレスのような屈強な肉体と精神に憧れ、厳粛な気持ちで競技に臨んでいたのだろう。

関連キャラクター
ゼウス・ヘラ

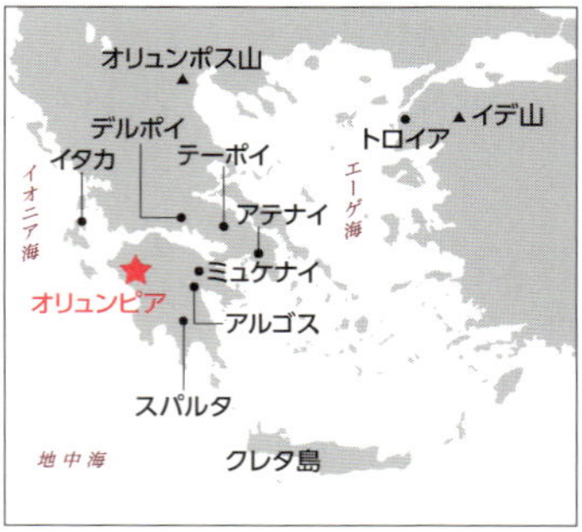

第二章 オリュンポスの神々の事件簿

第二章

あらすじと登場人物相関図

クロノスとレアの子
冥界の支配者
ハデス
ゼウスの兄で冥府の支配者。普段は地下の冥界に暮らしている。
夫婦
かまどの女神
★ヘスティア
ゼウスの姉で暖炉やかまどを司る、慎ましやかな処女神。
冥界の女王
ペルセポネ（コレー）
ゼウスとデメテルの娘。ハデスに見初められ冥界へさらわれる。
海の支配者
★ポセイドン
ゼウスの兄で海の支配者。荒々しく豪快な性格。
対立
光と予言の神
★アポロン
ゼウスと女神レトの子。光明、予言、芸術、医術など多くの権能をもつ。
戦いと知恵の女神
★アテナ
ゼウスと知恵の女神メティスの子で、軍略や戦争を司る。

オリュンポスに住まう12人の神々とその恋模様

最高神となったゼウスは女神ヘラを正妻に迎え、多くの女神や人間との間にも子をなした。オリュンポスの一員となる優れた神も多く生まれたが、浮気を繰り返す夫に、ヘラは怒りをつのらせるのだった……。

一方、豊穣の女神デメテルの娘であるコレーは、冥界の支配者ハデスに見初められて妻となり、1年のうち4か月を地下で暮らすことになる。この期間は母デメテルが嘆き悲しみ作物が育たなくなるため、世界に季節が生まれた。

ほかにもポセイドンとアテナの争い、エロスとプシュケの恋、ヘパイストスとアフロディーテの婚姻、アルテミスとオリオンの恋物語、アポロンの恋など、人間味あふれる神々の活躍で世界は彩りを増していくのだった。

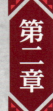

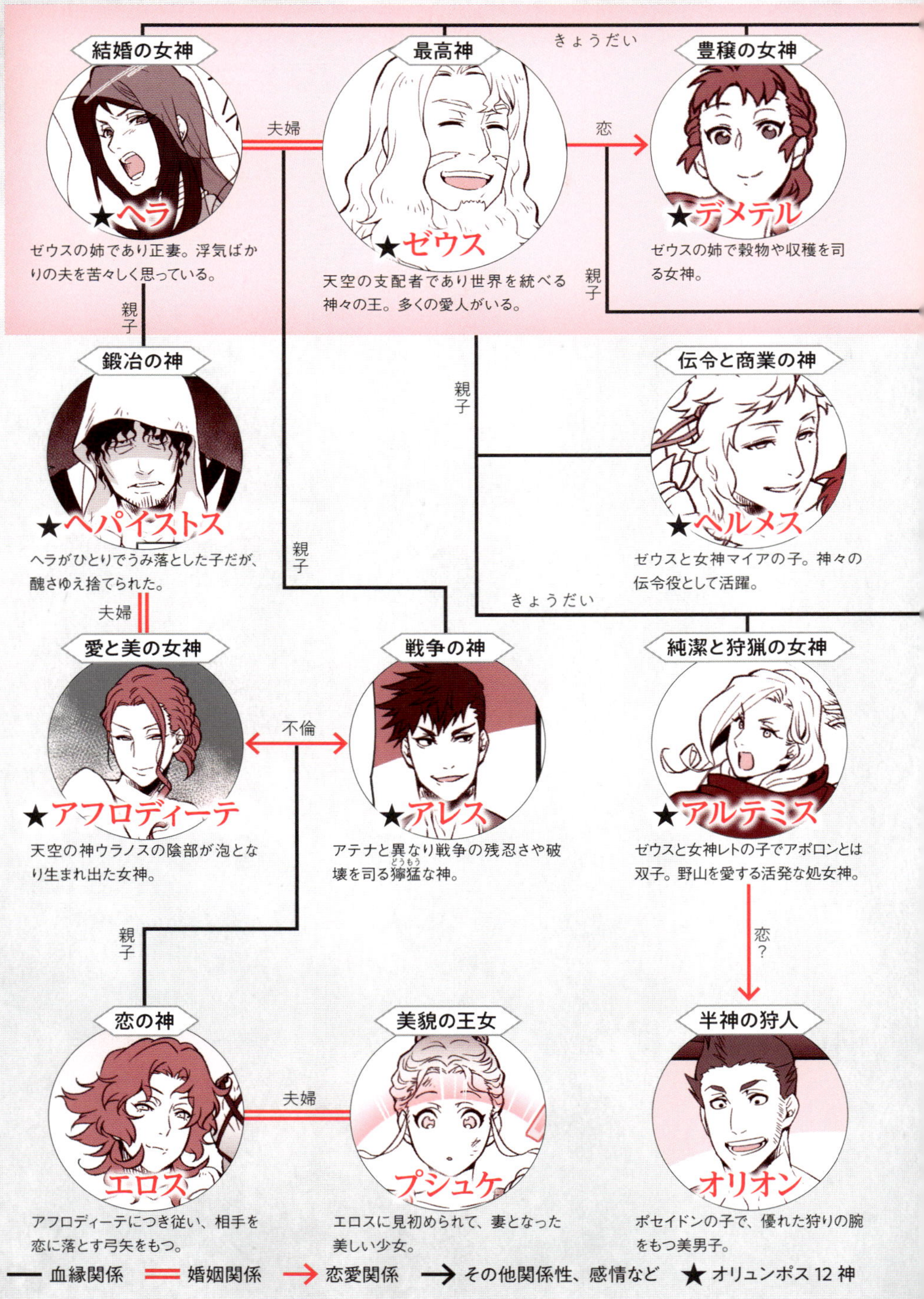
きょうだい
結婚の女神
★ヘラ
ゼウスの姉であり正妻。浮気ばかりの夫を苦々しく思っている。
夫婦
最高神
★ゼウス
天空の支配者であり世界を統べる神々の王。多くの愛人がいる。
恋
豊穣の女神
★デメテル
ゼウスの姉で穀物や収穫を司る女神。
親子
親子
鍛冶の神
★ヘパイストス
ヘラがひとりでうみ落とした子だが、醜さゆえ捨てられた。
親子
親子
伝令と商業の神
★ヘルメス
ゼウスと女神マイアの子。神々の伝令役として活躍。
きょうだい
夫婦
愛と美の女神
★アフロディーテ
天空の神ウラノスの陰部が泡となり生まれ出た女神。
不倫
戦争の神
★アレス
アテナと異なり戦争の残忍さや破壊を司る獰猛《どうもう》な神。
純潔と狩猟の女神
★アルテミス
ゼウスと女神レトの子でアポロンとは双子。野山を愛する活発な処女神。
恋？
親子
恋の神
エロス
アフロディーテにつき従い、相手を恋に落とす弓矢をもつ。
夫婦
美貌の王女
プシュケ
エロスに見初められて、妻となった美しい少女。
半神の狩人
オリオン
ポセイドンの子で、優れた狩りの腕をもつ美男子。
— 血縁関係　＝ 婚姻関係　→ 恋愛関係　→ その他関係性、感情など　★ オリュンポス 12 神

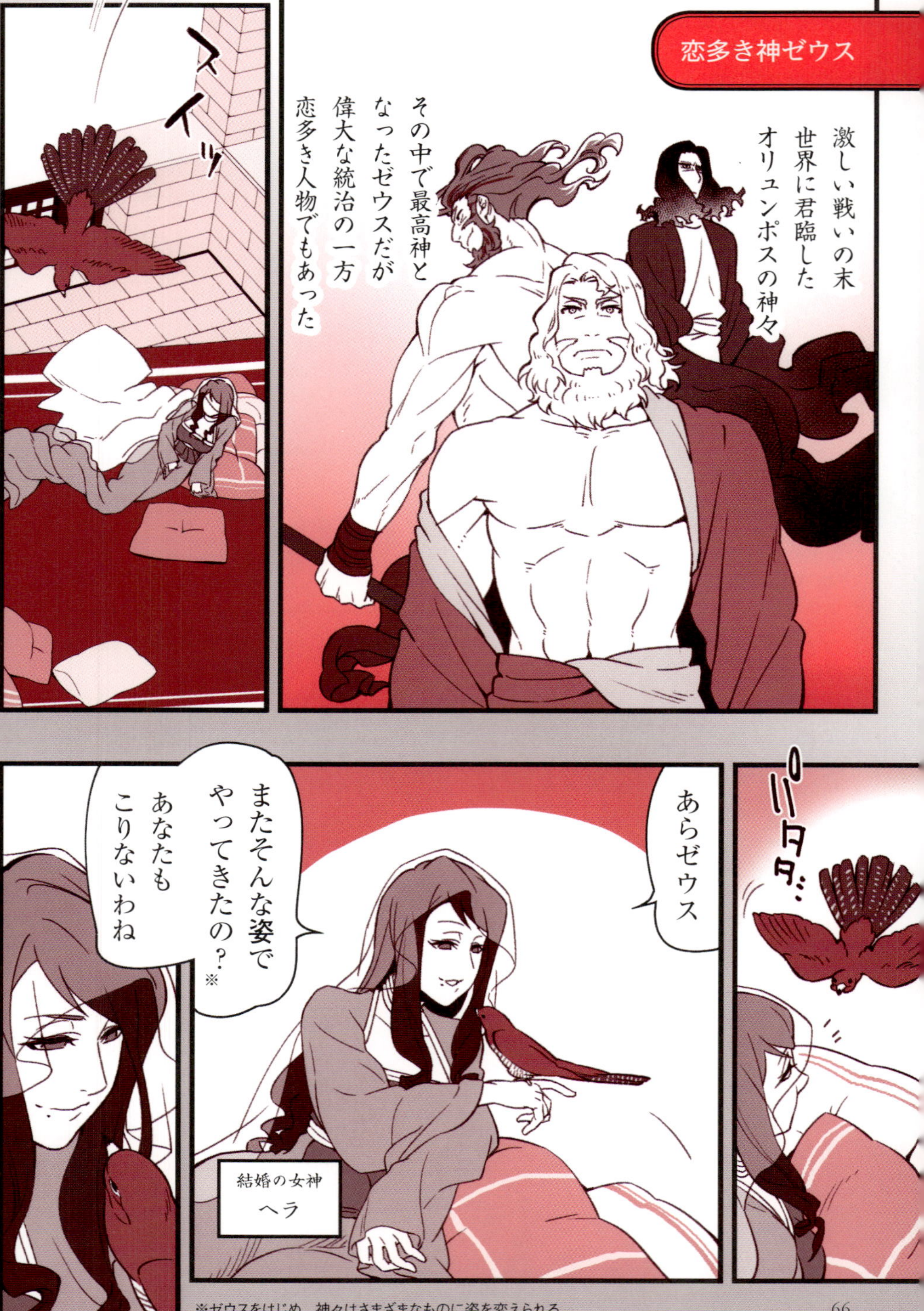
恋多き神ゼウス
激しい戦いの末
世界に君臨した
オリュンポスの神々
その中で最高神と
なったゼウスだが
偉大な統治の一方
恋多き人物でもあった
スイッ
パタタ
あらゼウス
またそんな姿で
やってきたの？※
あなたも
こりないわね
結婚の女神
ヘラ

※ゼウスをはじめ、神々はさまざまなものに姿を変えられる。

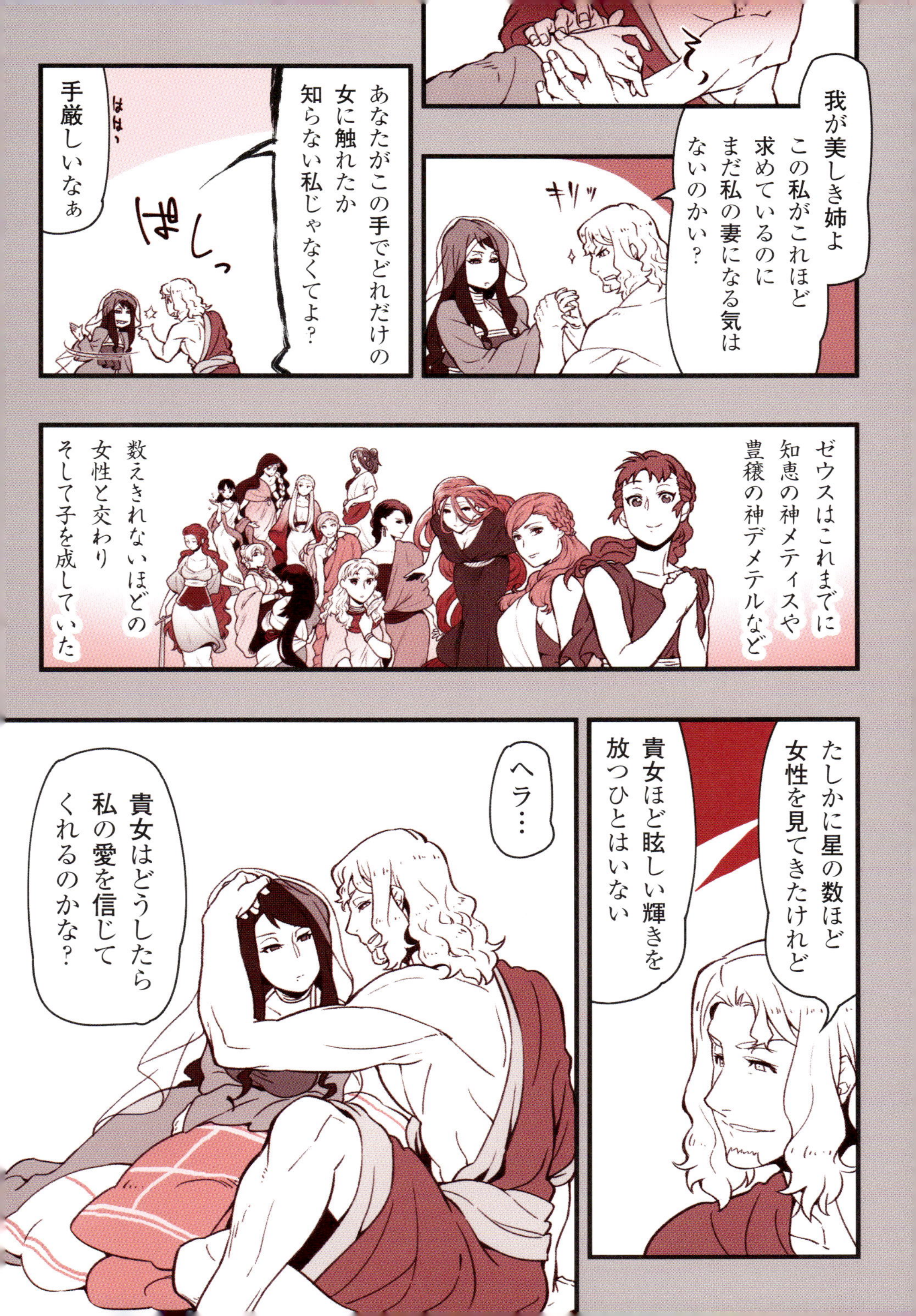
我が美しき姉よ この私がこれほど求めているのに まだ私の妻になる気はないのかい？
キリッ
あなたがこの手でどれだけの女に触れたか 知らない私じゃなくてよ？
ぱしっ
ははっ 手厳しいなぁ
ゼウスはこれまでに 知恵の神メティスや 豊穣の神デメテルなど
数えきれないほどの 女性と交わり そして子を成していた
たしかに星の数ほど 女性を見てきたけれど
貴女ほど眩しい輝きを 放つひとはいない
ヘラ…
貴女はどうしたら 私の愛を信じて くれるのかな？

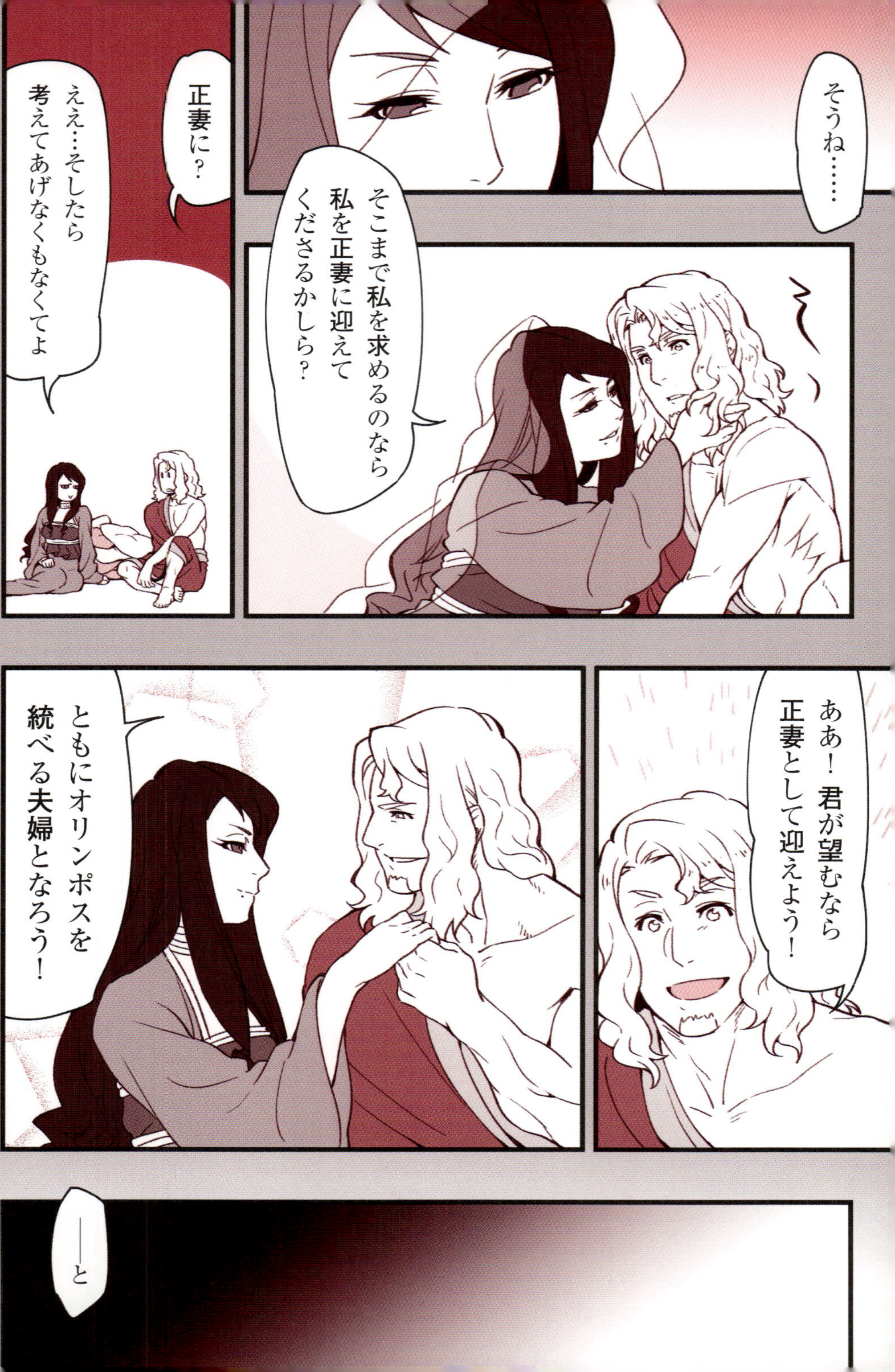
そうね……
そこまで私を求めるのなら
私を正妻に迎えて
くださるかしら？
正妻に？
ええ…そしたら
考えてあげなくもなくてよ
ああ！君が望むなら
正妻として迎えよう！
ともにオリンポスを
統べる夫婦となろう！
――と

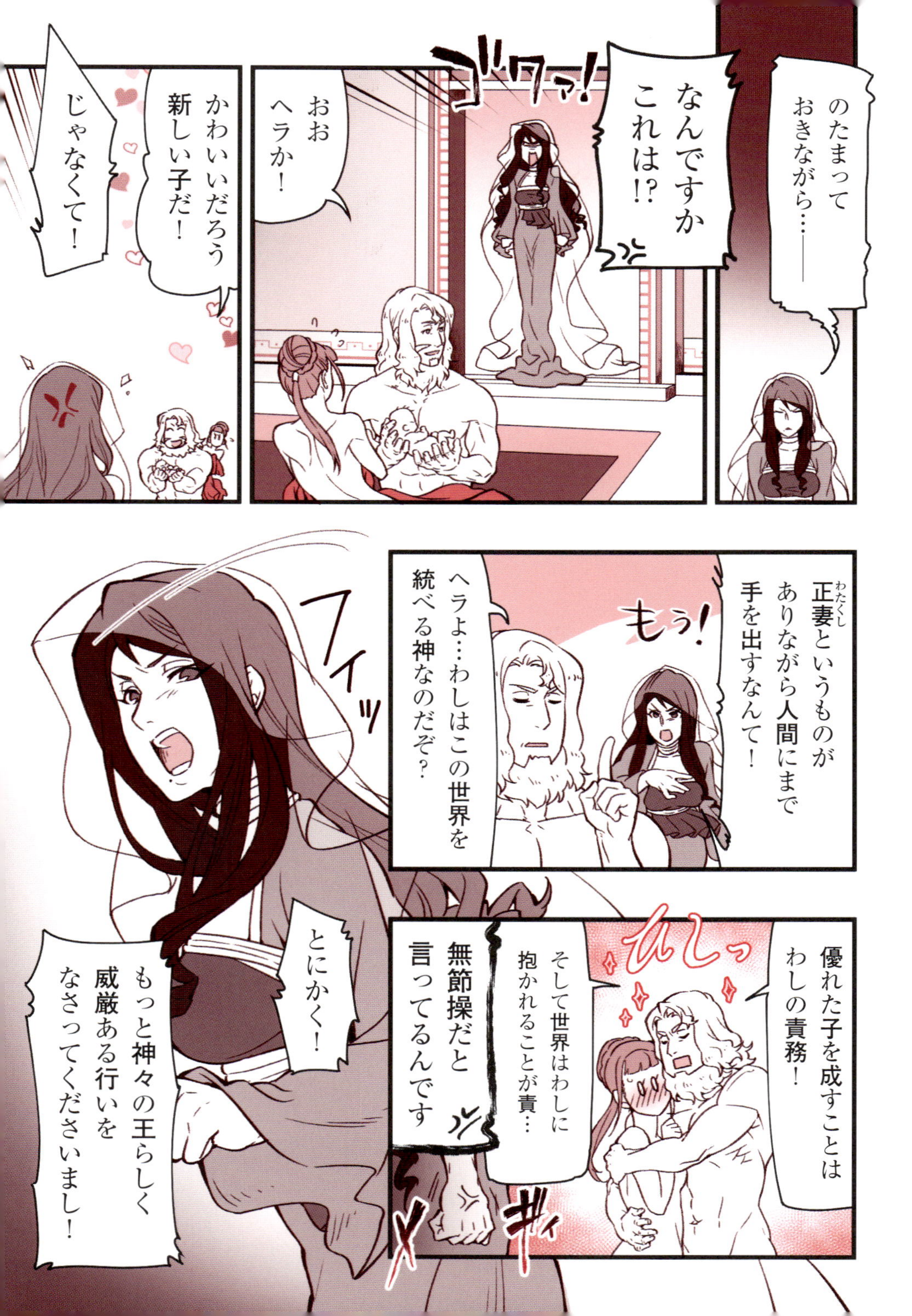
のたまっておきながら…――
ゴワァ!
なんですかこれは!?
おおヘラか!
かわいいだろう新しい子だ!
じゃなくて!
正妻《わたくし》というものがありながら人間にまで手を出すなんて!
もぅ!
ヘラよ…わしはこの世界を統べる神なのだぞ?
フイッ
優れた子を成すことはわしの責務!
ひしっ
そして世界はわしに抱かれることが責…
無節操だと言ってるんです
とにかく!
もっと神々の王らしく威厳ある行いをなさってくださいまし!

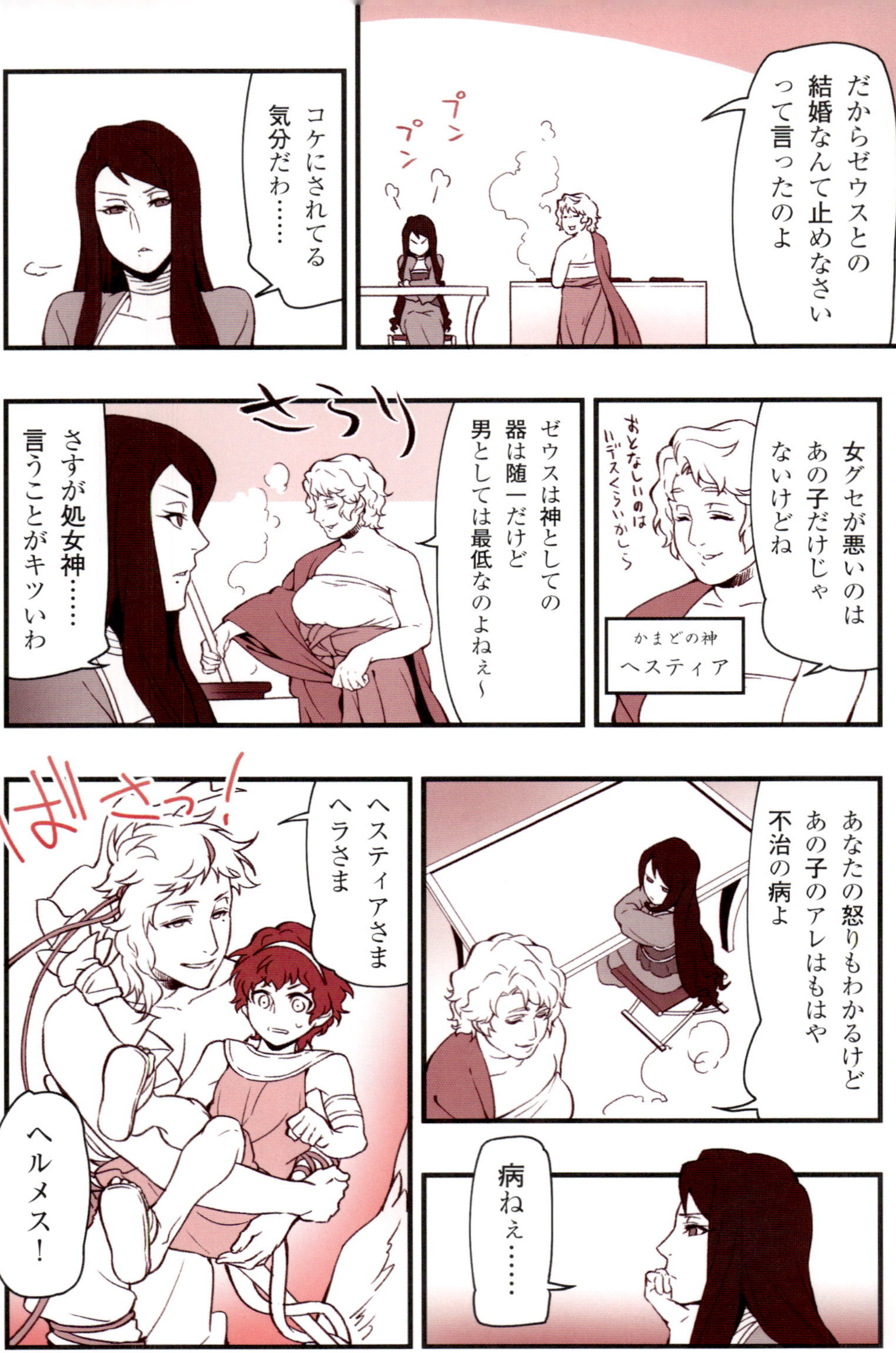
だからゼウスとの結婚なんて止めなさいって言ったのよ
プンプン
コケにされてる気分だわ……
女グセが悪いのはあの子だけじゃないけどね
おとなしいのはハデスくらいかしら
かまどの神
ヘスティア
さらり
ゼウスは神としての器は随一だけど男としては最低なのよねぇ～
さすが処女神……言うことがキツいわ
あなたの怒りもわかるけどあの子のアレはもはや不治の病よ
病ねぇ……
ばさっ!
ヘスティアさまヘラさま
ヘルメス!

あら
かわいい子ね
その子は？
ゼウスさまが大変気に入られ
下界《した》から連れて来られて……
プッツン。
こちらは
トロイアの王子
ガニュメデスくんです
今度からここで
給仕として
お仕えするので――
ねえ
ヘスティア……
病ならもとを絶てば
治まるわよね？
貞節を司るヘラは嫉妬深く
ゼウスの浮気の度に
その相手や子どもへ
激しい怒りを向けた

妻の目を恐れたゼウスに
牝牛《めうし》に変えられたイオは怪物に見張られ
虻《あぶ》に追いまわされることに
ヴモー
イオ ➡P117
王女セメレはヘラに
そそのかされて
ゼウスの真の姿を
見たいと望み
そのまばゆさに
焼かれて絶命
セメレ ➡P59
輝かしい子を生むと
予言されたレトは
出産の場を奪われ
9日9夜苦しみさまよった
はッ
は
ティターン神族の娘
レト
が…がんばってね……
生んでみせるから……!
レト! よかった
見つけたわ!
エイレイテュイア
さま……!

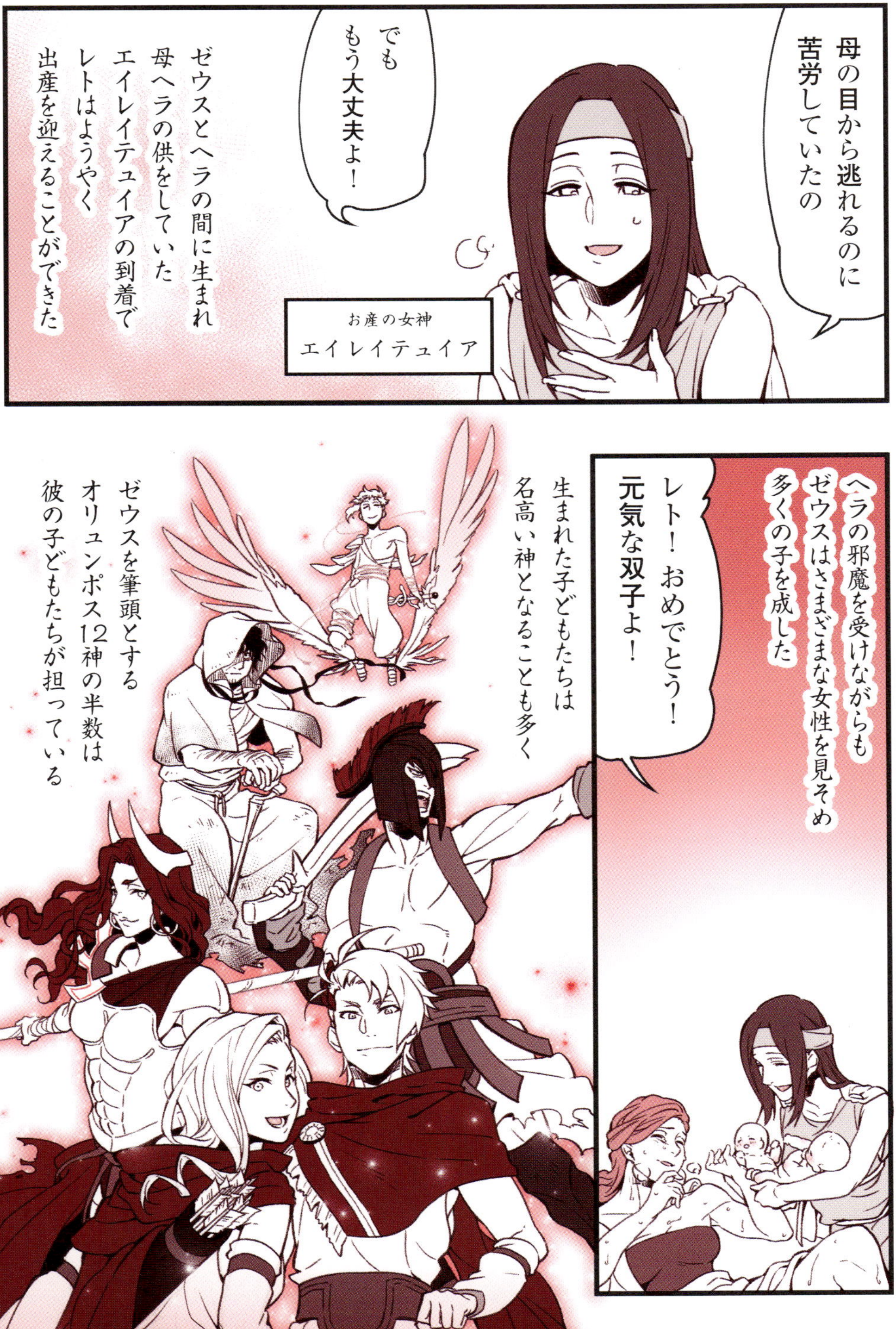
母の目から逃れるのに
苦労していたの
でも
もう大丈夫よ！
お産の女神
エイレイテュイア
ゼウスとヘラの間に生まれ
母ヘラの供をしていた
エイレイテュイアの到着で
レトはようやく
出産を迎えることができた
ヘラの邪魔を受けながらも
ゼウスはさまざまな女性を見そめ
多くの子を成した
レト！ おめでとう！
元気な双子よ！
生まれた子どもたちは
名高い神となることも多く
ゼウスを筆頭とする
オリュンポス12神の半数は
彼の子どもたちが担っている

アテナとポセイドンの争い
性には奔放なゼウスだが
統治の腕はまさに神がかりで
地上には平穏が続いていた
この地は私が治めます！
カッ！
しかしそんな中でも
ときには神同士が
衝突することもある—
小娘ごときに務まるか!!
くわっ！
海の神
ポセイドン
とある地の
守護神の座をめぐって
アテナとポセイドンが
言い争いをはじめたのだ

口で言っても埒《らち》があかない！
むむむ…
私とポセイドンさまとどちらがこの地の守護神にふさわしいか
この地の者たちに選んでもらいましょう！
フン！望むところだ！
こうしてふたりは互いに人間たちへ贈り物をすることにした
わしからは海水の泉だ！
じゃん！
この泉からは尽きることなく塩水が湧き出てくるぞ！
私からはオリーブの木を与えよう！
どん！
丈夫で実も成るすばらしい木だぞ！
おおおっ！

丈夫な木なら食器や武器にも使えそうだ！
この実油が多いな
漉《こ》して使えないか？
わぁ
わぁ
うんうん
全部使えるなんてオリーブの木って便利だなー！
ちょッ……待て待て！
なぜだ!? 人間には水が必要じゃないのか？
ええとポセイドンさま……
私たち塩水は飲めないんです……
それに作物にも使えませんし……
ドドフッ
この町の守護者は私が引き受けた!!
よろしくお願いしますアテナさま！
アテナさまー
フッ
決まりだな
……な――
アテナさまばんざーいッ！
ばんざーーい！

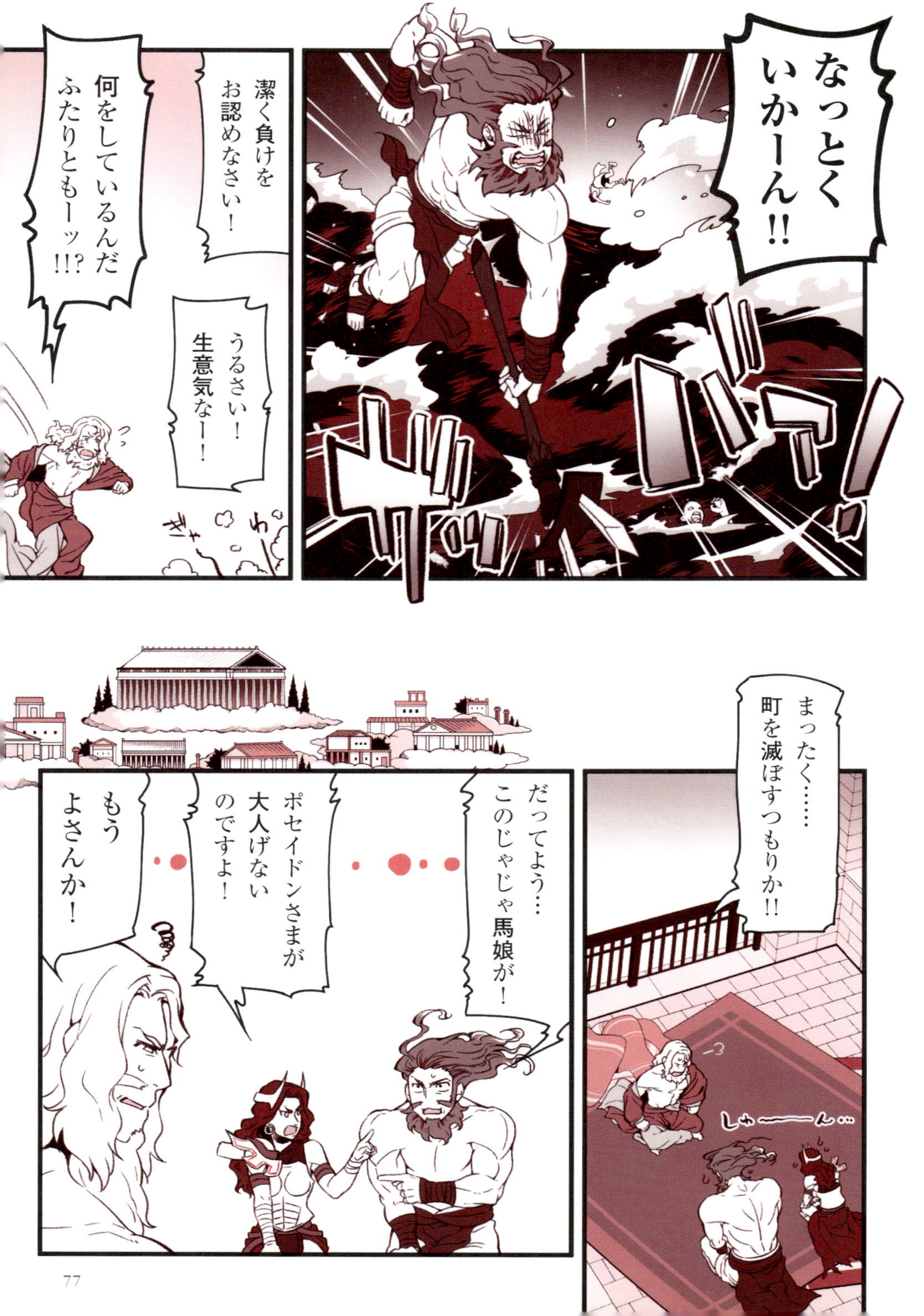
なっとくいかーん!!
ザッバァ!
潔く負けをお認めなさい!
何をしているんだふたりともーッ!!?
うるさい! 生意気なー!
ぎゃ
わ
まったく……町を滅ぼすつもりか!!
しゅ～～～ん…
だってよう…このじゃじゃ馬娘が!
ポセイドンさまが大人げないのですよ!
もうよさんか!

兄さん…あなたは広大な海の支配者たる神
町のひとつアテナに譲るくらいの寛容さは持ち合わせていよう？
べ…別に町をやるくらいどってことねェがよォ
こいつが何かとつっかかって来るんでついカッとなっちまった
なっ
私のせいだと言うのですか!?
まぁアテナもケンカごしなのはよくなかったたな
お前は私が驚く程の力を秘めてはいるがだからといって何事も力任せではいかん
要らぬ争いを起こしかねん
それは軍神のお前とて望んではいないだろう？
う、

今日のことは それと心得ておきなさい
……わかりました
こうして ふたりの争いは 治まり
この地は「アテナイ」として 発展していくこととなった
仲直りしたふたりに ゼウスはそれぞれ 新しい神殿を与えた
お〜〜〜! でっけぇな!!!
こりゃ何人でも 女を囲えそうだな!
ムフーン
……ほどほどにして おくんだぞ兄さん
ちなみにポセイドンも ゼウスに負けない 女好きであった

冥界の王ハデスの結婚

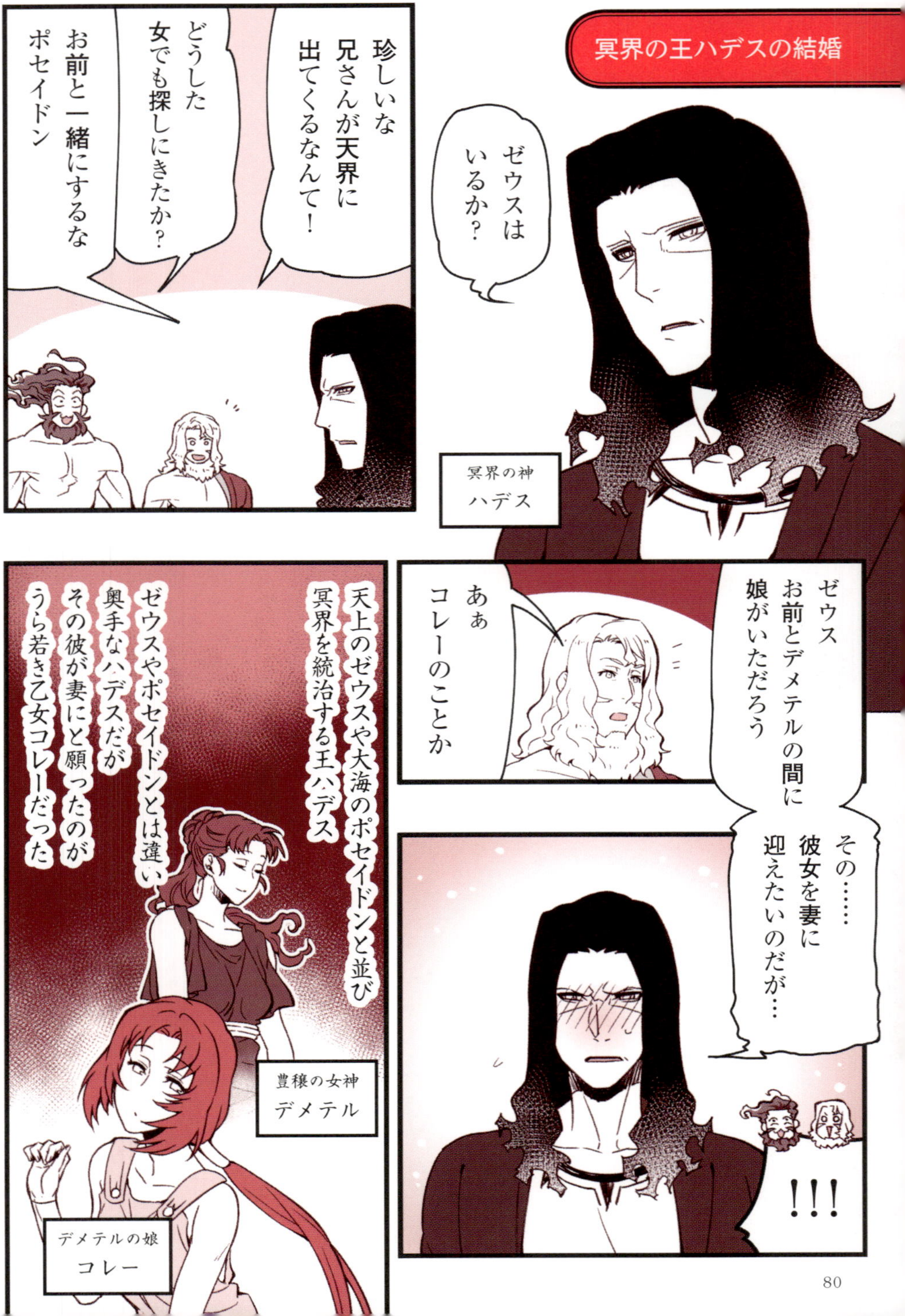
ゼウスはいるか？
冥界の神 ハデス
珍しいな 兄さんが天界に出てくるなんて！
どうした 女でも探しにきたか？
お前と一緒にするな ポセイドン
ゼウス お前とデメテルの間に娘がいただろう
あぁ コレーのことか
その……彼女を妻に迎えたいのだが…
!!!
天上のゼウスや大海のポセイドンと並び冥界を統治する王ハデス
ゼウスやポセイドンとは違い奥手なハデスだが
その彼が妻にと願ったのが
うら若き乙女コレーだった
豊穣の女神 デメテル
デメテルの娘 コレー

やっぱり女じゃねェか～！
うッうるさい！だからお前と一緒にするな!!
いやぁでもうれしいよ！
よし！デメテルには私から話を通しておこう！
それから幾日か経ち――
ヒュウウゥ
フム……
最近は供物《くもつ》がめっきり減ったなぁ
なんでも娘のコレーさまが突然いなくなってしまったのですっかり気落ちなさっていましてねー
どこへいったのわたしのコレー…
近ごろは作物の実りが悪いみたいですね……
んー
デメテルのやつ何をしているんだ？
はっ！

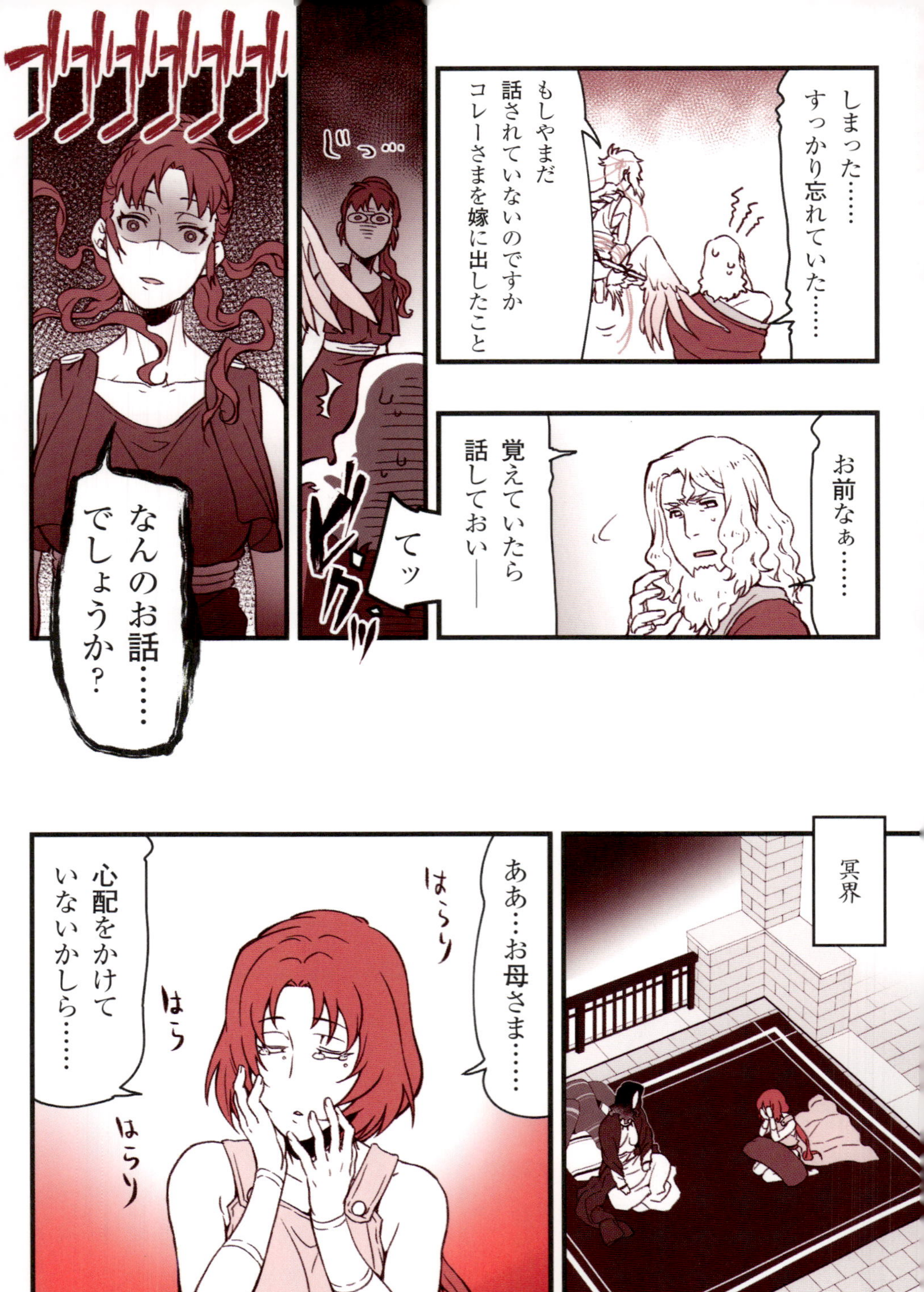
しまった……
すっかり忘れていた……
もしやまだ
話されていないのですか
コレーさまを嫁に出したこと
お前なぁ……
覚えていたら
話しておい――
てッ
ビクッ
じっ…
ゴゴゴゴゴゴ
なんのお話……
でしょうか？
冥界
ああ…お母さま……
はらり
はら
はらり
心配をかけて
いないかしら……

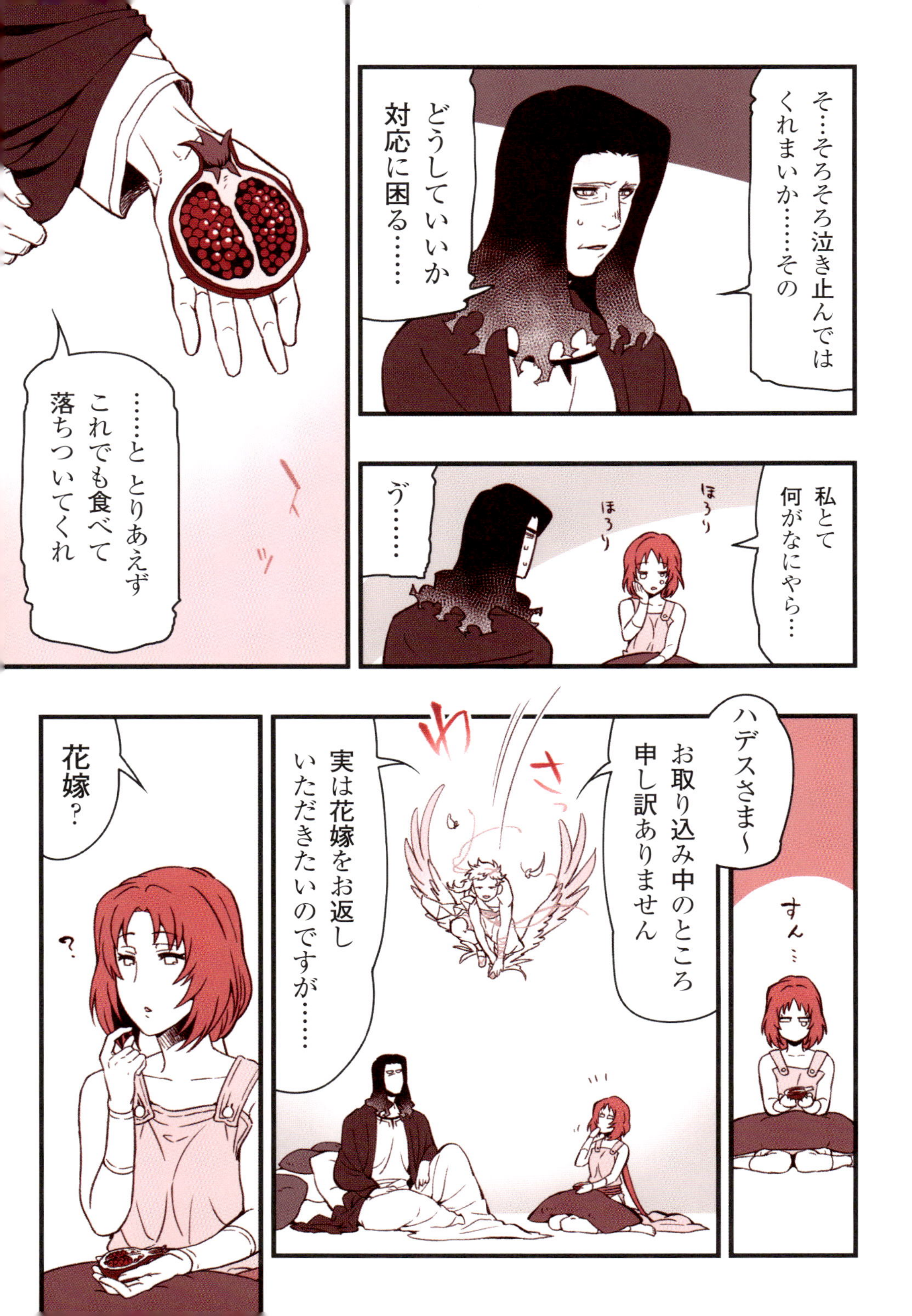
そ…そろそろ泣き止んではくれまいか……その
どうしていいか対応に困る……
私とて何がなにやら……
ほろり
ほろり
ゔ……
……とりあえずこれでも食べて落ちついてくれ
すん…
ハデスさま〜
お取り込み中のところ申し訳ありません
さっ
実は花嫁をお返しいただきたいのですが……
花嫁？
?

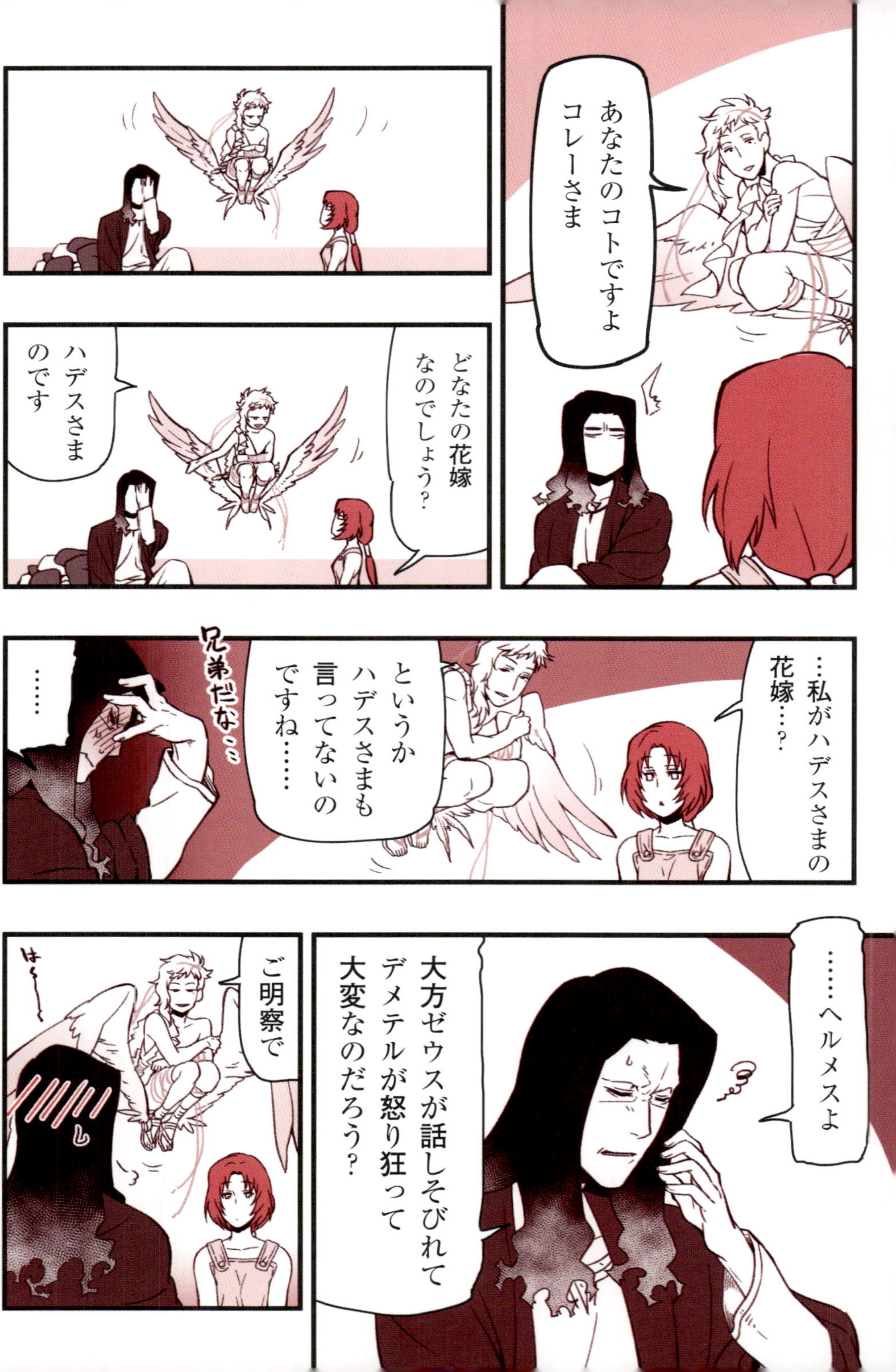
あなたのコトですよ
コレーさま
どなたの花嫁なのでしょう？
ハデスさまのです
…私がハデスさまの花嫁…？
というかハデスさまも言ってないのですね……
兄弟だな…
……
……ヘルメスよ
大方ゼウスが話しそびれてデメテルが怒り狂って大変なのだろう？
ご明察で

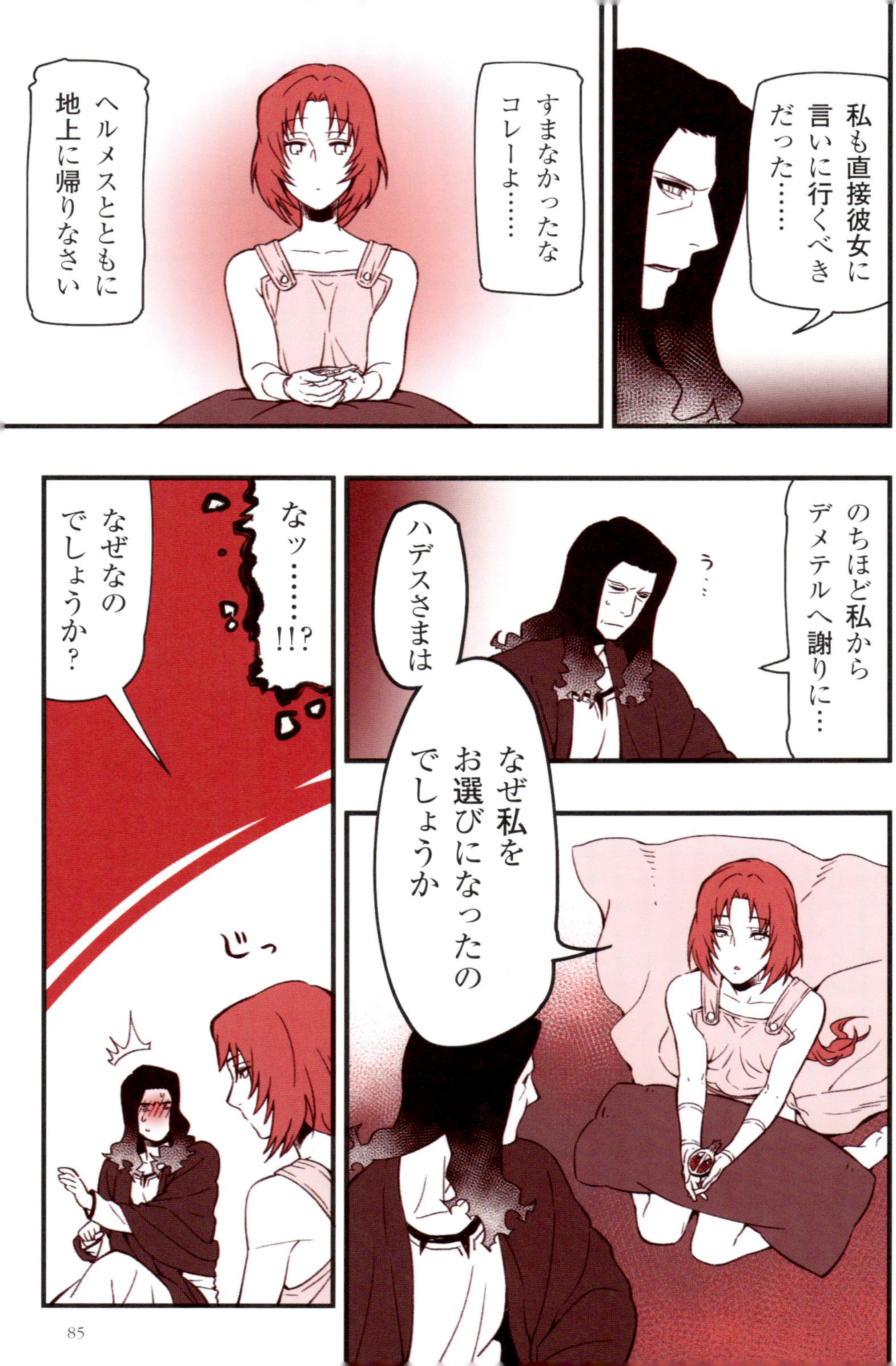
私も直接彼女に言いに行くべきだった……
すまなかったなコレーよ……
ヘルメスとともに地上に帰りなさい
のちほど私からデメテルへ謝りに…
う…
ハデスさまは
なぜ私をお選びになったのでしょうか
なッ……!!?
なぜなのでしょうか?
じっ

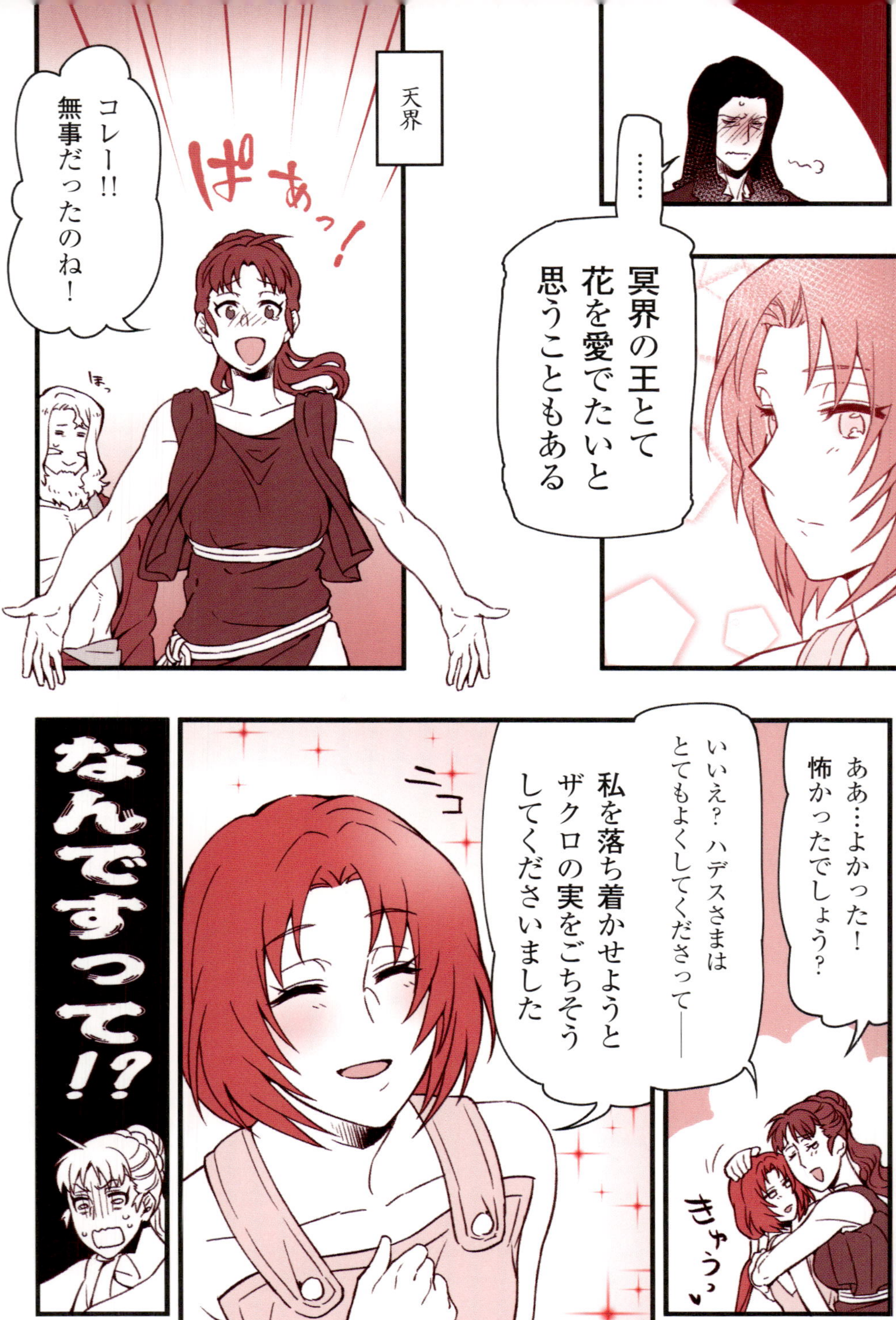
……
冥界の王とて花を愛でたいと思うこともある
天界
ぱあっ！
コレー!! 無事だったのね！
ほっ
ああ…よかった！ 怖かったでしょう？
きゅうっ
いいえ？ ハデスさまはとてもよくしてくださって――
私を落ち着かせようとザクロの実をごちそうしてくださいました
ニコ
なんですって!?

冥界の食べ物を口にした者は
冥界に留まらなくてはならない
コレーは口にしたザクロの分だけ――
1年の3分の1を冥界で
過ごさなくてはならなくなった
デメテルは娘がいない間
悲しみに暮れるあまり
不作の季節を呼び込んでしまい
こうして四季が生まれたのだという
ハデスに嫁いだコレーは
冥界の女王ペルセポネとなり
夫とともに冥界を統べていくのであった
ハデスさまも お花が好きなんですね
私も好きなんですよ お花よ
……ウム

エロスとプシュケ
愛と美の女神アフロディーテは
その権能のとおり
愛欲に溢れた女神だった
多くの愛人と子をもち
中でも軍神アレスとの子
エロスは彼女の性格を
色濃く継いでいた
愛と美の女神
アフロディーテ
恋の神
エロス
天界
エロス
エロス！
こっちにおいでなさい
何でしょう？
ニコッ
とある国に
プシュケという娘がいるわ
その娘にあなたの矢で
とびきりいいオトコを
あてがってやって頂戴
わかりました
母さま
これは相当
怒ってるなぁ……

エロスの黄金の矢には
「射られた者を激しい恋に落とす」
力があった
アフロディーテよりも美しいと評判の
プシュケが気に入らない彼女は
エロスの矢で卑しい男と
恋に落ちるよう
仕向けようとした
美貌の王女
プシュケ
下界
神サマをも超える美しさを持った人間かぁ……
ホントにいるならお目にかかりたいものだね
もぞっ
ゴロン
んぅ…
ぷす
スヤスヤ

プシュケの美しさに見とれ
誤って自身を矢で刺したエロスは
彼女に恋をしてしまった
母のアフロディーテに内緒で
プシュケを妻にするため
エロスは彼女を
西の果ての宮殿へ連れ出した
正体を明かさない夫に
会えるのは暗闇の中だけだったが
プシュケは
満たされていた
しかし豪華な
暮らしをうらやんだ
姉たちは――
一度も夫の顔を
見たことが無い
ですって？
もしかして
顔がブサイクだとか？
いいえ
大蛇が化けているの
かもしれないわ！
ひっ人の夫を
何だと思ってるのよ
姉さんたちは!!
え……ええ……
姿を見てはいけない
約束だから……
旦那様は優しい方
だし…――
ぎゅ…

眠れない……姉さんたちがあんなこと言うからだわ
もん
もん
チラッ
——でも
ホワ…
一度でいいからお姿を見てみたい……!
えっ
ドキッ

がばっ
あッつ――――
あ――――
あなた様は………!!
エロスは自分を疑い
姿を見ないという
誓いを破った
プシュケのもとを去ってしまう
なっ………!
がーんっ
プシュケを妻に
していたですって!!?
ちょっと
聞いてるの!?
ぽわ～…
はぁ……

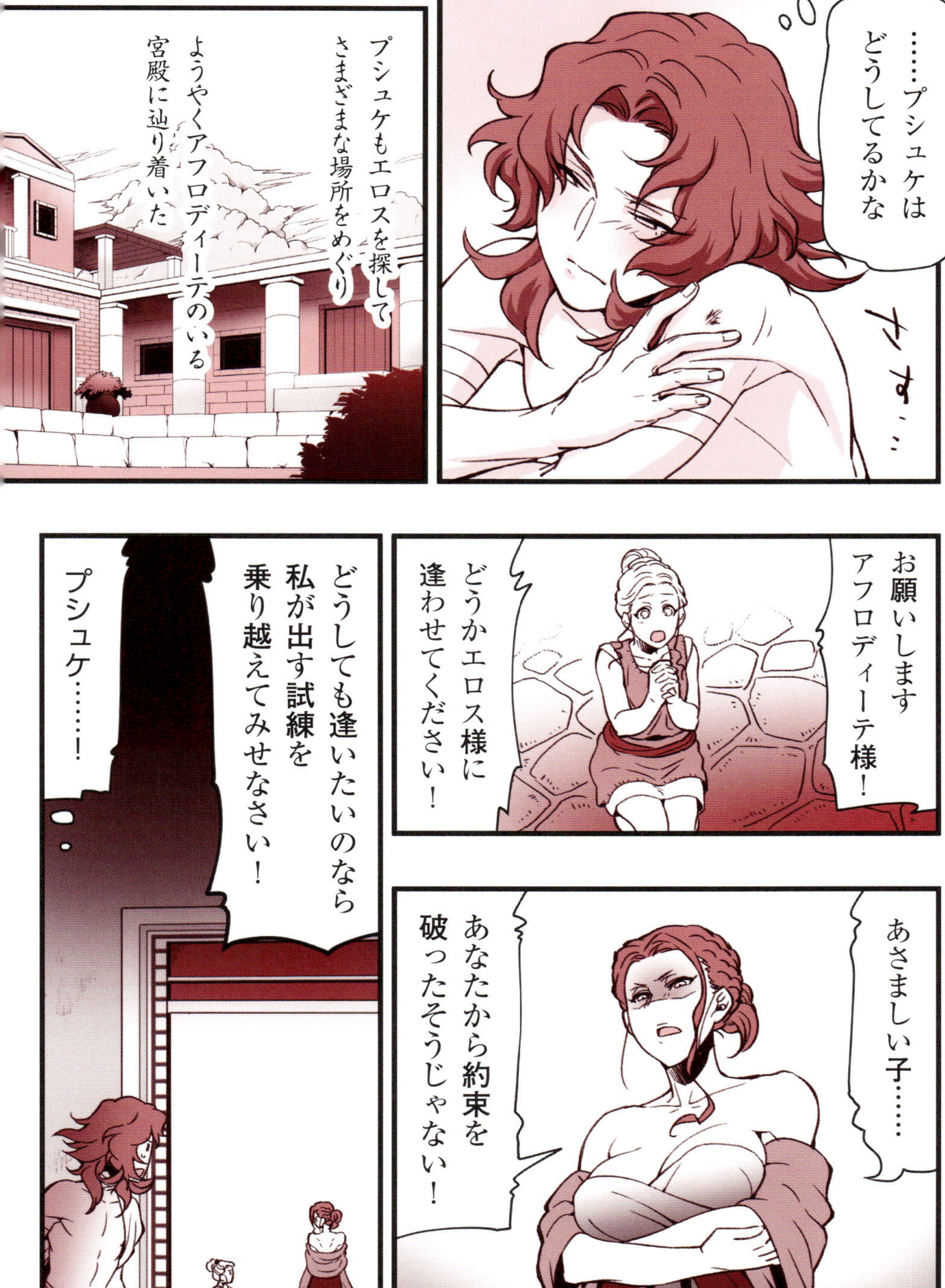
……プシュケは
どうしてるかな
さす…
プシュケもエロスを探して
さまざまな場所をめぐり
ようやくアフロディーテのいる
宮殿に辿り着いた
お願いします
アフロディーテ様！
どうかエロス様に
逢わせてください！
あさましい子……
あなたから約束を
破ったそうじゃない！
どうしても逢いたいのなら
私が出す試練を
乗り越えてみせなさい！
プシュケ……！

アフロディーテから
試練を与えられたプシュケは
次々と難題を乗り越えていった
最後の試練はペルセポネから
「美しさ」を分けてもらうことだった
しかし不審に思ったペルセポネは
「美しさ」と偽って「眠り」を入れた箱を
プシュケに手渡した
ペルセポネさまがお優しい方でよかった!
これを渡せばようやくエロスさまにお逢いできるのね!
……その前に少しだけ美しさを分けてもらってもイイわよね?
あ…

ドタッ
プシュケ!?
オロ
オロ
あぁ…そんな……
ぼくのためにこれほどがんばったというのに……!
——どうか戻って来ておくれ
愛しい人
——エロス……さま……
エロスはプシュケとの結婚をゼウスに認めてもらい
プシュケは永遠の命を得られる神酒ネクタルを飲んで女神となったという

ヘパイストスの復讐
先の物語で登場したエロスは
アフロディーテと愛人の子だったが
浮名を流す彼女にも正式な夫がいた
炎と鍛冶を司る技巧の神ヘパイストスである
彼もまた波乱に満ちた逸話の持ち主だった――
天界
きゃあああ!!
一体何なのよ これは!?
ヘッヘラさま… どうしたので?
ガタ ガタ ガタタ
うっ動けない のよ…
いかが ですか?
私のつくった椅子の 座り心地は……
鍛冶の神 ヘパイストス

お前は……
ヘパイストス!?
そう……
あなたの失敗作ですよ
私を生んですぐに
醜いといって下界へ投げ棄てた……
ギギ
あなたは自身の恥を
私のせいにしてなかったことに
しようとした！
この恨みは炎となって
私の中でずっと
くすぶり続けている……
私にした仕打ちを
心から詫びて
ほしいのです
その炎で私に復讐でも
しようというの？
……いいえ
ただ――
カッン

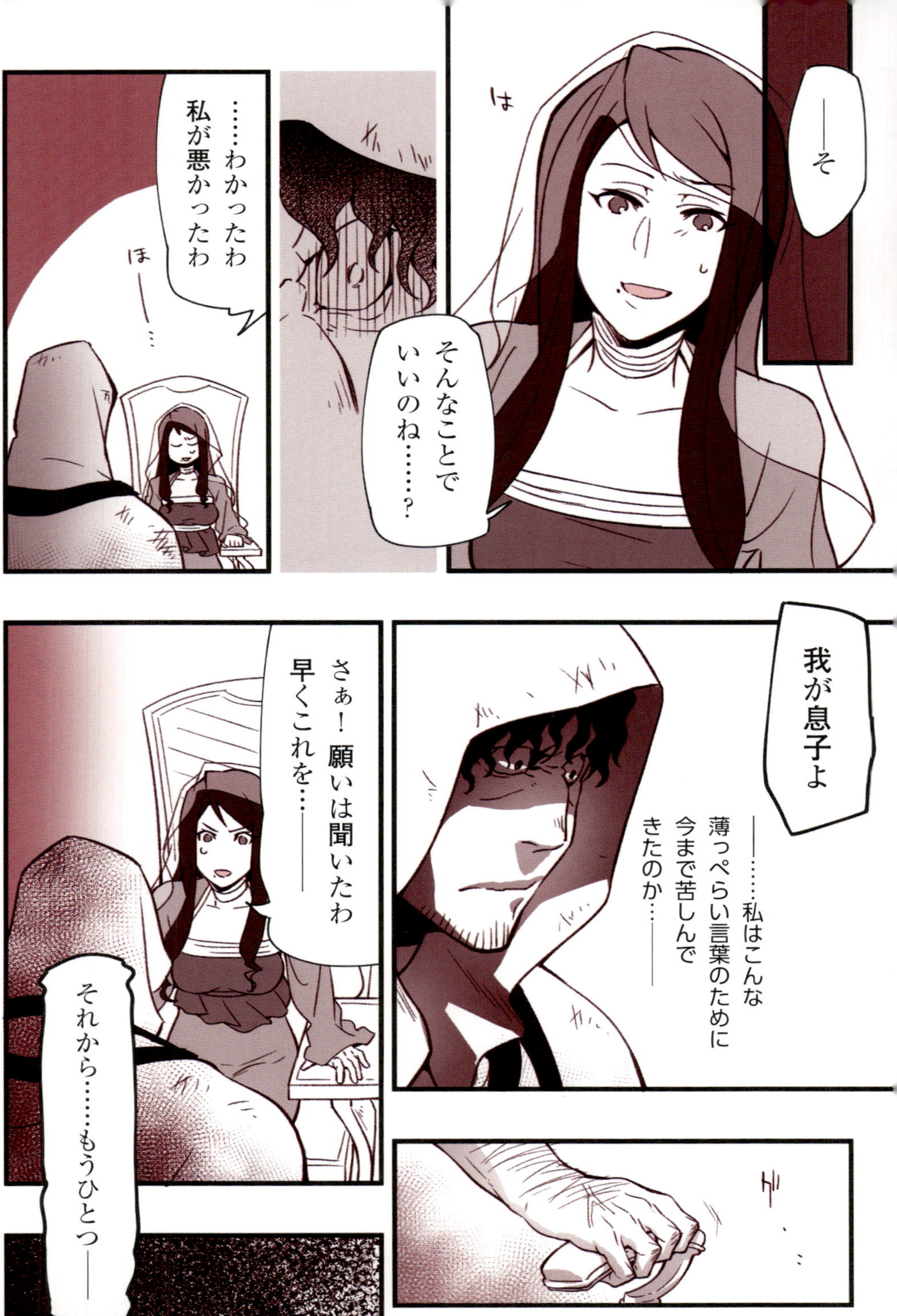
――そ
は
そんなことでいいのね……？
……わかったわ
私が悪かったわ
ほー…
我が息子よ
――……私はこんな薄っぺらい言葉のために今まで苦しんできたのか……――
さぁ！ 願いは聞いたわ
早くこれを……――
それから……もうひとつ――

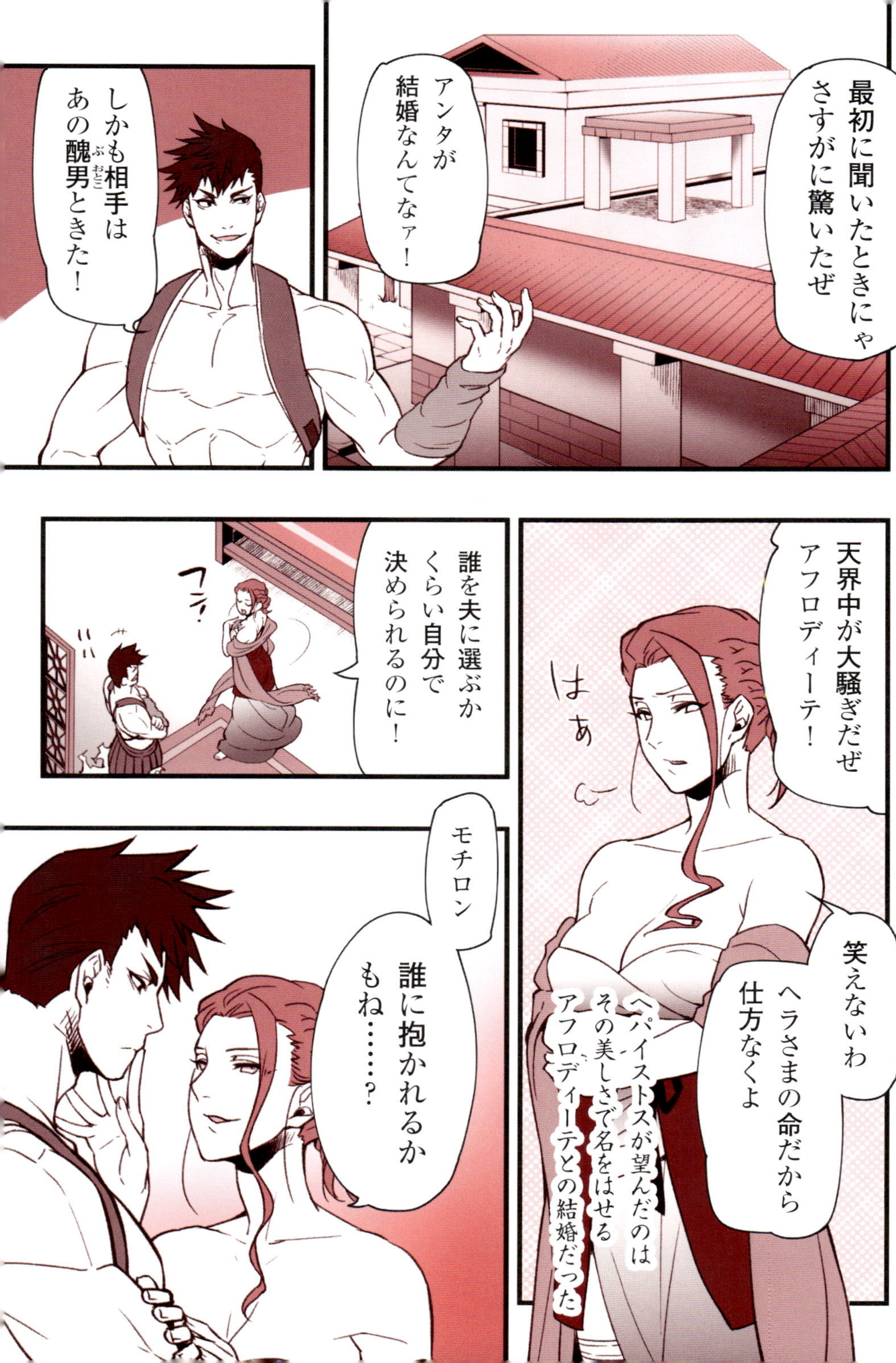

最初に聞いたときにゃ
さすがに驚いたぜ
アンタが
結婚なんてなァ!
しかも相手は
あの醜《ぶ》男《おとこ》ときた!
天界中が大騒ぎだぜ
アフロディーテ!
はぁ~
笑えないわ
仕方なくよ
ヘラさまの命だから
ヘパイストスが望んだのは
その美しさで名をはせる
アフロディーテとの結婚だった
フン!
誰を夫に選ぶか
くらい自分で
決められるのに!
モチロン
誰に抱かれるか
もね……?

ハッ…アンタも悪ィ女だな
アラ 人妻とわかってて手を出すアナタも悪くなくって？
違いねェ
ドサッ
ギッ
!!?
なッ…何だ!?動けねェ!!
なっ何が起きて——
ガチャ
ガチャ
ガッ
こんなことだろうと思ったさ……
ヘパイストス!!!
あなたのことだ……結婚を機に貞淑に——なんてあるハズがない

私が家を離れれば
男を家にあげるくらい
容易に想像がつく……
はぁ
あなたッ……！
ならどうして私を
妻になんて…
一体何が
望みなのよ!?
べつに……
グ…
あなたのような
身勝手な女たちが
嫌いなだけだ
ハッ……俺ァ
とばっちりかよ！
このッ……
憶えてなさッ——
はっ

あなたたち
待ちなさーい
!!!!!!
ジャあああああああ……
おもしろいモノみちゃったー♪
逢瀬の現場を押さえられ
さらにヘルメスらがこれを
天界中にふれまわったことで
アフロディーテとアレスは
さらしものになってしまった
アフロディーテ……
人の妻となりながら
あなたは……
わたしのメンツがー!!
へ…ヘラさまが
勝手なことを
なさるから!
母上
せっかく結婚の女神である
あなた様がくださった
ご縁でしたが——
はんっ
こんなはしたない女は
こちらから願い下げです
謹んで
お返しいたします

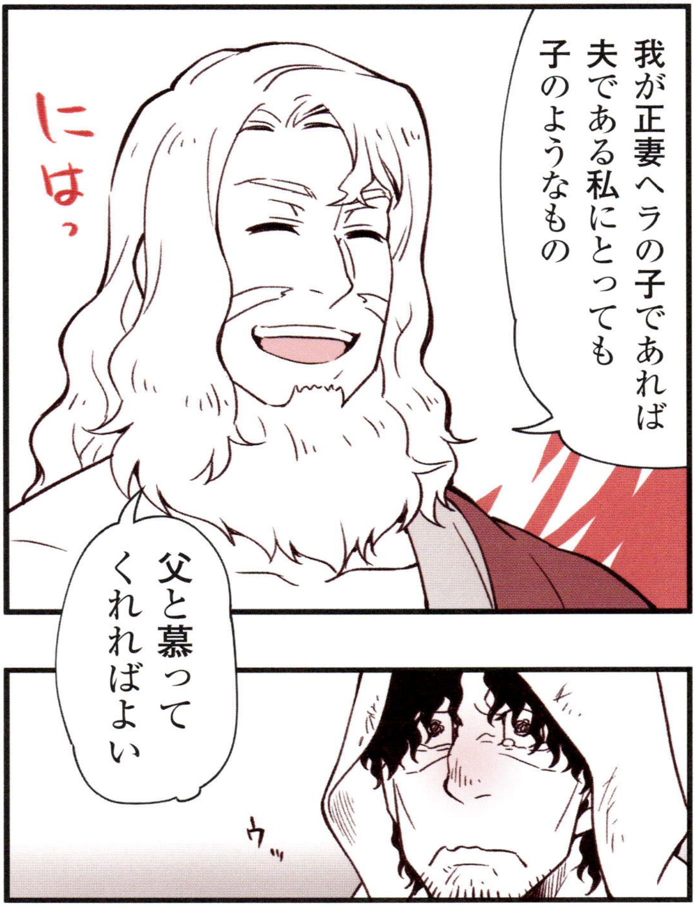

ヘパイストスはオリュンポスに迎えられ
多くの神々の武具を作成するなど
重要な存在となっていった

アポロンの恋人たち

いやぁ……
ウン ウン
アフロディーテさまを手玉に取るなんて……
カッコいいよなァ ヘパイストスは!
イヤミですか アポロンさま
あなたのような方《イケメン》に言われてもまったく響きませんよ
フスー
顔のことを言ってるんじゃない 中身だよ中身!
やっぱり男は中身だよね!
もく もく
はぁ
まァその見た目《イケメン》のあなたが恋に破れてばかりなんですからそうなんでしょうねェ
フフフフフ
傷をえぐらないで!!!

たとえば英雄と女を取り合って競り敗けたりとか
マルペッサ
しゃこ しゃこ
か…彼女が不死の神とは付き合えないって言ったんだ！
可愛い少年を円盤投げに誘ったら誤って死なせちゃうとか
ヒュアキントス
ぎゅ
突然強い風が吹いて当たりどころが悪くて……
※実は風の神の嫉妬からくるイヤがらせだった
挙げ句に追っかけた女があまりに嫌がって自らを木に変えちゃうとか
ダプネ
ギギ ギギ
あ…あれはエロスがダプネと僕を矢で射ったからで
あなたがエロスにちょっかい出したからでしょう
むぅ
今の話と僕の中身とは関係ないだろう！
ハイハイ
ホラ 調整終わりましたよ
ありがとうヘパイストス！

これからどちらへ？
あぁトロイアまで行ってくる！
カサンドラに逢いに行くんだ！
こりませんねあなたも……
僕は太陽を司る神だよ？
恋の炎はいつだって燃え盛っているんだ！
……アポロンさまも変わったお方だなもっと要領よくできそうなものなんだが……
私なんぞにもお声かけくだすったり……
……――また失敗しなきゃいいんだがな
がしがし

下界
トロイア
カサンドラ!
逢いに来たよ カサンドラ!
アポロンさま……
トロイア王女
カサンドラ
どうしたんだい? そんな顔をして——
——私は真実を知ってしまいました
一体何を知ったと——
……
あなた様が——
あなた様に与えていただいたこの予言の力で……
真実……?
私をお捨てになるということです

なッ……
そんなこと
——いえ
君を捨てるなんて
あるワケない
じゃないか!?
では私が見たものが
嘘だと……——
あなたが与えたこの力が
嘘だとおっしゃるのですか!?
……そうか
そんなに僕の言うことが
信じられないのか……
ギュ…
なら——
君に最後の予言を
贈ろう……!

これからの君の言葉はすべてが嘘になる！
もう君の予言《ざれごと》を誰も聞きはしない！
こうしてカサンドラの予言を誰も信じなくなり
のちの大きな戦争でも滅びゆく国を見守るしかできなかった……
天界
はぁ…
ポン
元気出しなよアポロン
……うん
アポロンに悲恋の逸話が多いのは彼に愛されることは喜びよりも畏《おそ》れが先立つと考えられたためだとも言われている

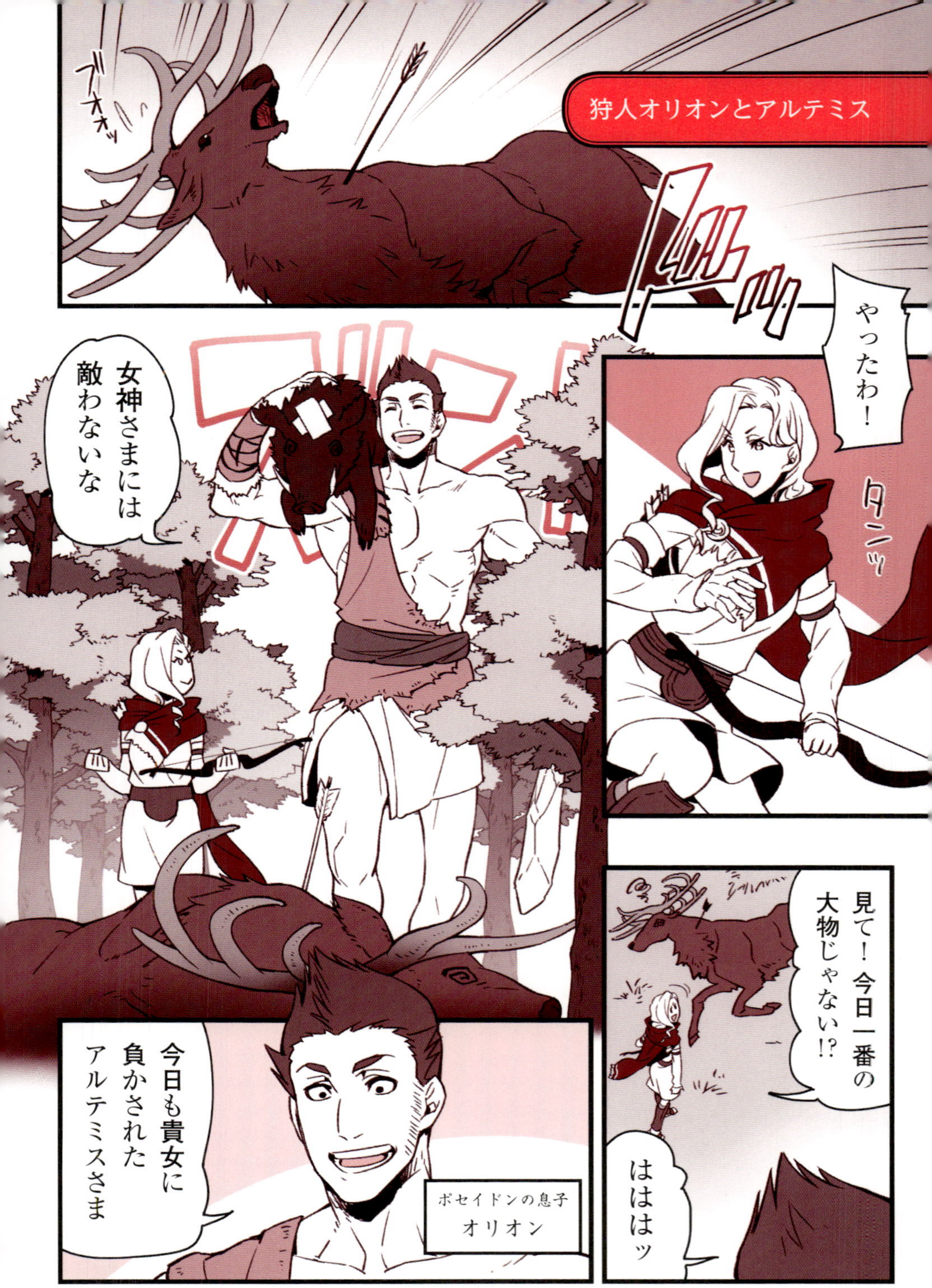
狩人オリオンとアルテミス
ブフォオッ
やったわ!
タンッ
見て! 今日一番の大物じゃない!?
ははは ッ
今日も貴女に負かされたアルテミスさま
ポセイドンの息子
オリオン
女神さまには敵わないな

陸での狩りで私が負けるなんてありえないわ！
なら明日は海で競うというのは…
いやよ！それじゃポセイドンさまの息子のアナタが有利——
オリオン腕の防具が取れそうに…
おぉ！本当だ
ちょっと待って！
ビリ
これをこうして……
きゅっ
ハイ！これでよし
ぱんぱん
おぉ…手ずからとはありがたい！
大事にするぞアルテミスさま
かあっ

アルテミス……
処女神であるお前が誓いを忘れよもやそんな男の妻になどなるまいな…――
目を覚ませアルテミス!
ぐぉ〜〜
カサカサ カサ
ぱち
ムク…
んん……
何の音――
だッ!!?
ちまっ
うッうわぁサソリだ!!!
ぼぼっ!

ドス
ドス
ドス
ドス
うーん……遅いわねぇ
アルテミス今日は狩りをするんじゃなかったかい？
アポロン……
うん……約束した人が来なくってね
じゃあ来るまで僕と弓比べをしよう！
そうだな……的はあれにしよう！
海の上？……何かすごく光ってるわね？
キラ
キラ
きっと大物に違いない！
すちゃっ
なら私が一発で仕留めてやるわ！

ヤッ！
ヒュッ
ダッ
命中っ!!
矢をつがえるヒマもなかったようね！
私の勝ちねアポロ――
う…そ……!?
光のあった場所にはオリオンの死体が浮いていた
昨晩アポロンがけしかけたサソリから逃げようとオリオンは海の中に逃れた

アルテミスが射た光は
海面から出ていたオリオンの頭が
太陽に反射したものだったのだ
嘆き悲しんだアルテミスは
ゼウスに彼を復活させて
くれるよう頼んだが……
あぁ…アルテミス
それはできない
蘇らすことは
できないが
彼を空へ
上げてあげよう
夜空を見あげる時
彼を想ってあげなさい
こうしてオリオンは
星座になったという
神々が繰り広げた恋物語は
さらに神を生み命を生み
ほかにもたくさんの物語を
つくっていった
そして世界はさまざまな彩りで
溢れていくのだった……

ギリシャ神話 こぼれ話30 II

第二章では、オリュンポスの神々のにぎやかな暮らしぶりを見てきた。個性あふれるキャラクターたちの、語りきれなかった魅力を再発見していこう。

その8 時代とともに変化した愛と恋の神エロス

愛と美の女神アフロディーテと戦争の神アレスの息子とされるエロス。ローマ神話では「クピド」と呼ばれ、「恋のキューピッド」という言葉の由来でもある。

本来のエロスは原初の神のひとりであったとされ、ガイア（大地）、タルタロス（奈落）らとともに古い時代から存在していたという。人や物など、あらゆるものを結びつける愛の神として信仰されたエロスは、しだいに同じく愛を司るアフロディーテの従者として描かれることが多くなり、やがて彼女の子どもとして定着していったのだ。

ウィリアム・アドルフ・ブグロー『プシュケの誘拐』

その9 現代にも存在感を残す勝利を司る女神ニケ

戦の女神アテナの随神《ずいしん》とされる勝利の女神ニケは、翼をもった乙女として描かれ、広く崇拝されていた。最も有名なニケの姿は、サモトラケ島で発見された彫像だろう。高さは2・75m、首と両手は失われているが、躍動的に広げられた羽やたなびく衣装などが、たくみに表現されており、発掘されたギリシャ彫刻の中でも随一の芸術品として名高い。

ちなみに、スポーツメーカー「ナイキ」の社名はニケの英語読みから取られたもので、特徴的なマークもニケの翼を表している。ニケは今も勝利の象徴であり続けているのだ。

『サモトラケのニケ』（ルーヴル美術館蔵）

その10
イソップの有名な寓話はギリシャ神話が元ネタ

「アリとキリギリス」「北風と太陽」などの物語が収められた『イソップ寓話』は、紀元前6世紀頃の古代ギリシャ人奴隷アイソポスによって語られたといわれている。

ヨーロッパではたびたび編集翻訳されており、日本でも江戸時代初期より『伊曾保《いそほ》物語』として広まって親しまれてきた。実際にはすべての物語がアイソポスの創作ではなく、中にはギリシャ神話が元になっているものもある。

有名な「王様の耳はロバの耳」の物語はその代表的な例だ。ある日、芸術を司るアポロンと牧神パンが音楽の腕比べをすることになった。当然アポロンが勝者となるが、これに異を唱えたのがプリュギア王ミダスだった。怒ったアポロンは王の耳をロバの耳に変えてしまう。恥ずかしく思った王は帽子を被って日々を送っていたが、王の散髪にやって来る床屋の男だけはこの秘密を知っていた。秘密を言いたくてたまらない床屋は地面に掘った穴に秘密を叫び、穴を埋めた。ところが、やがて草原に生えた葦が「王様の耳はロバの耳」とささやくようになり、噂を風に流してしまったという。

ほかにも、「北風と太陽」は太陽神アポロンと北風の神ボレアスの勝負であった、「金の斧」に登場する泉の神は伝令神ヘルメスであったなど、ギリシャ神話由来と考えられる物語がいくつも存在する。

その11
物語の名バイプレイヤー 多才な伝令神ヘルメス

旅人の神、商業の神、泥棒の神、雄弁の神など、さまざまな属性をもっているヘルメス。生まれたその日にアポロンの牛を盗んだエピソードがあるが、彼が発明した竪琴をアポロンが気に入って許されるなど、とても個性的で器用な神だ。物語の中では神々の伝令役として活躍することが多く、交渉ごとや駆け引きに長けている。

ゼウスの愛人イオがヘラの嫉妬によって牛に変えられ、百目の怪物アルゴスの監視下にあったとき、ゼウスの命を受けてこの怪物を倒したのはヘルメスだった。常に死角のないアルゴスを倒すため、ヘルメスは笛を吹いて怪物を眠らせ、やすやすとその首を刈り取ってみせる。その後、彼は「アルゴス退治のヘルメス」と呼ばれるようになったという。ギリシャ神話に欠かせないバイプレイヤーだ。

ジャンボローニャ『メルクリウス』(バルジェロ美術館蔵)

ティツィアーノ・ヴェチェッリオ『ディアナとカリスト』（スコットランド国立美術館蔵）

その12 苛烈な罰を与える処女神アルテミス

太陽神アポロンとは双子とされる月の女神アルテミス。夜空を美しく照らす月の象徴としての印象が強いが、アポロンが太陽神としてだけでなく、さまざまな権能を合わせもつように、彼女もただ美しいだけの存在ではなかった。

アルテミスは狩猟を愛し森を駆け回る野性的な女神であり、男性を寄せつけない処女神でもあった。ときにアルテミスは潔癖ともいえる行動をとる。処女を誓っていた従者のカリストがゼウスに騙されて懐妊したときは、怒って彼女を熊に変えてしまう。その後、カリストはアルテミス自らが殺してしまったとも、生まれた子どもが真実を知らずに射殺したともいわれている。また、アルテミスの水浴びを見てしまった狩人アクタイオンは、激怒したアルテミスによって鹿に変えられてしまった。

そのほかにも、アルテミスの潔癖さを伝える物語は数多く、女神の激しい気性を伝えている。

その13 星座に名を残した乱暴者の狩人オリオン

女神アルテミスが好意を寄せていた人物に、狩人のオリオンがいる。海神ポセイドンの息子だともされ、狩りの腕に優れた美男子だ。処女神に好かれるだけあって高潔な男かというと、実は粗野な乱暴者だったため、ほかの女神やニンフたちには嫌われていたという。ティタン神族アトラスの娘たちを追いかけ回したときは、姉妹はみな鳩になって逃げ去ってしまい、そのまま空に輝くプレアデス星団に。キオス島の王女に恋をしたときは、父王に疎まれ盲目にされている。

アルテミスとの関係は彼女の兄アポロンの仕掛けた罠で悲劇に終わってしまうが、別説では神に使わされたサソリに刺されて死んだともされる。サソリは天に上げられて「さそり座」となり、オリオンは星座になったあともサソリから逃げるように沈んでいくという。

オリオンはその優れた狩りの腕をアルテミスに気に入られていた。

その14 戦の神でありながら負けてばかりのアレス

　ギリシャ神話で戦いの神といえば、戦いや知恵を司る女神アテナの名前が真っ先にあがるが、その影に隠れがちなのが軍神アレス。アテナが正義や秩序を守るための戦いの象徴だとすれば、アレスは争いそのものを好み暴力や流血を象徴する神だ。

　しかし、最高神ゼウスと正妻ヘラの子という最高の出自でありながら、彼の物語はいまいちパッとしないものが多い。トロイア戦争ではトロイア側の味方をするが、アテナの加護を受けるギリシャ軍の英雄ディオメデスに倒され、「脇腹を刺された」とゼウスに泣きついて叱られている。また、オトスとエピアルテスというふたりの幼い巨人と戦ったときもあっさり敗退。両手両足を拘束され、13か月もの間、青銅の壺に閉じ込められていた。

　ギリシャ神話ではいいところなしのアレスだが、ローマ神話では勝利をもたらす軍神マルスとして崇拝されている。

アルカメネス『ボルゲーゼのマルス』（ルーブル美術館蔵）

その15 おとめ座のモデルはいったい誰？

　黄道十二星座のひとつに数えられている「おとめ座」。両手に麦の穂を持った女性の姿になぞらえられる星座だが、彼女がいったい誰なのか、その解釈は時代や地域によって異なり判然としない。

　最も知られているのは、豊穣の女神デメテルを表すというものだ。そのほかにも、デメテルの娘である冥界の女王ペルセポネだという説や、デメテルと同一視されているローマ神話の女神ケレスであるという説など、各時代、各地で実に多くの「乙女」があげられているのだ。

　ローマ神話の正義の女神アストライア（ギリシャ神話ではディケ）もおとめ座のモデルとされたひとり。手に持った天秤で善悪を量り人々を導き続けたが、やがて人間たちが堕落して反省しなくなると、ついには見放し天に戻ってしまったという。アストライアが持つ、正義を量る天秤も星座となっており、同じく十二星座の「てんびん座」として知られている。

リンブール兄弟『ベリー公のいとも豪華なる時祷書』挿画より（コンデ美術館附属図書館蔵）

ギリシャ神話 遺跡案内 II

パルテノン神殿

関連キャラクター
アテナ

都市国家アテナイの象徴 アテナに捧げられた神殿

神殿には神々や英雄の活躍を描いたレリーフや装飾も数多く残されている。

ギリシャ神話にまつわる最も有名な遺跡といえば、首都アテネに残るアクロポリス（城市）に築かれたパルテノン神殿だろう。古代都市アテナイの守護神だった処女神アテナの神殿で、当時の本殿には、高さ12mの黄金や象牙が使われた女神アテナ像が安置されていたという。

古代ギリシア建築の中でも最高峰の技術が使われており、その装飾や円柱、立像の数々は圧巻の一言。完成から2000年以上経った今でも、その壮大な佇まいは多くの人々を魅了し続けている。

デルフォイ

関連キャラクター
アポロン

ローマ皇帝ネロも訪れた 予言の神アポロンの聖地

神殿や劇場の遺構が残るアポロンの聖域。

古代ギリシャでは、多くの人々が神の啓示を得ようと神殿を訪れた。中でもギリシャ中から神託を求める人がやって来たと考えられているのが、エラス地方にあるアポロンの聖域、デルフォイだ。

現在、神殿の遺跡には6本の円柱が残されているのみだが、当時は38本の円柱が建ち並び、奥の間ではピュティアと呼ばれる巫女によって神託が下されていたという。暴君として知られるローマ皇帝ネロも、神託を得るべく、デルフォイのアポロン神殿に赴いたという記録が残っている。

第三章 英雄たちの冒険譚

第三章 あらすじと登場人物相関図

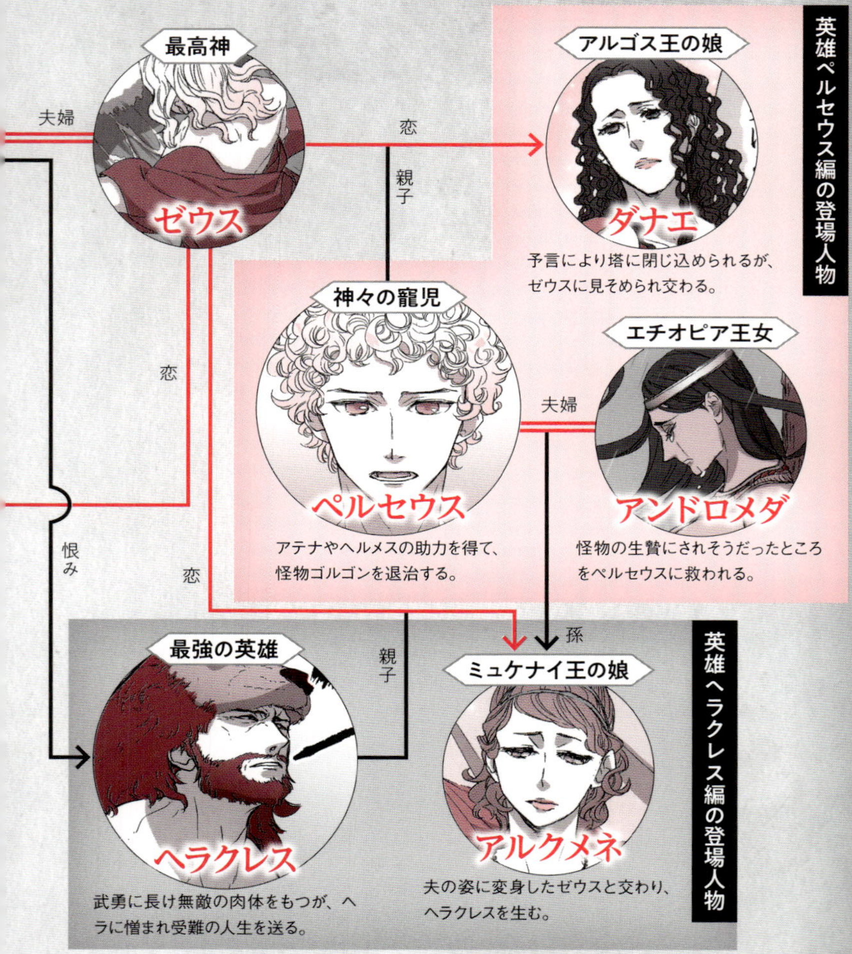

英雄ペルセウス編の登場人物
最高神
ゼウス
夫婦
恋
親子
アルゴス王の娘
ダナエ
予言により塔に閉じ込められるが、ゼウスに見そめられ交わる。
神々の寵児
ペルセウス
アテナやヘルメスの助力を得て、怪物ゴルゴンを退治する。
エチオピア王女
夫婦
アンドロメダ
怪物の生贄にされそうだったところをペルセウスに救われる。
恋
恨み
恋
孫
親子
英雄ヘラクレス編の登場人物
最強の英雄
ヘラクレス
武勇に長け無敵の肉体をもつが、ヘラに憎まれ受難の人生を送る。
ミュケナイ王の娘
アルクメネ
夫の姿に変身したゼウスと交わり、ヘラクレスを生む。

たぐいまれな力をもつ 英雄たちの冒険

ゼウスの息子ペルセウスは母ダナエを解放するため、怪物ゴルゴンを退治。道中、海の怪物の生贄《いけにえ》にされかけていた王女アンドロメダも救い出した。

ギリシャ神話最強の英雄ヘラクレスもゼウスの子だが、浮気への恨みを向けるヘラにより罪を背負わされ、贖罪のために課された12の試練に挑む。

アテナイの王子テセウスは苦しむ民を救おうと自らクレタ島へ渡り、クレタ王女アリアドネの力を借りて、迷宮に住まう怪物ミノタウロスを退治する。

イアソンは王位奪還のため、国中の英雄たちを率いた大航海へ。魔術に秀でた王女メディアを妻にするが、彼女の愛は次第に暴走していき……。

ギリシャ神話を代表する英雄たちの物語を見ていこう。

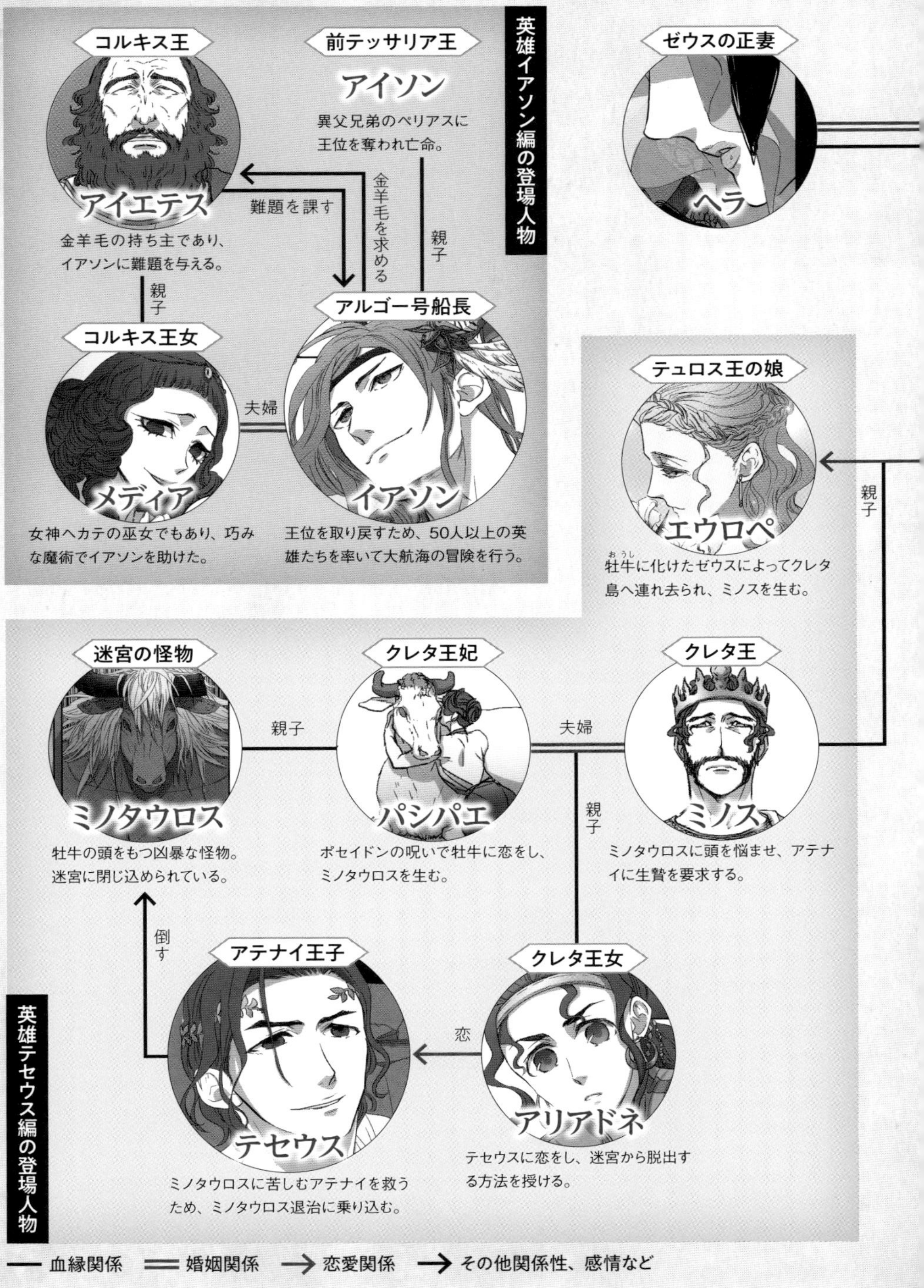

— 血縁関係　＝ 婚姻関係　→ 恋愛関係　→ その他関係性、感情など

青銅の種族と
呼ばれる人類は
好戦的で戦いを好む
堕落した人類だった
人類の堕落を嘆いた
ゼウスは彼らを
大洪水によって滅ぼした
そののち新たな人類が
石から生み出された
ある者は神と
人の間に生まれ
特別な力を持ち
ある者は世界を
冒険してまわった
ある者は神々が
生み出した
怪物と対峙し
ギリシャ神話を
彩る英雄たちの
物語がはじまる――

ザザ……
これは一体——……
まさか海を漂流してきたというのか?
セリポス島の漁師
ディクテュス
乳飲み子とともにセリポス島に流れ着き漁師ディクテュスに救われたこの女性はアルゴス王女ダナエだった
かつて彼女は「娘の生む子に殺される」という予言を恐れた父によって幽閉されていた

ところが
彼女の美しさに
惹かれたゼウスが
黄金の雨に変身して
忍び込み
ダナエと交わった
アルゴス王は
息子を生んだダナエに
愕然としたが
手にはかけられず
ふたりは海に
流されたの
だった――……
時は流れ――
ディクテュスのもとで
育った男の子は
立派な青年へと成長した
ペルセウス！
大変だ！
お前の家に
また――
ゼウスとダナエの子
ペルセウス

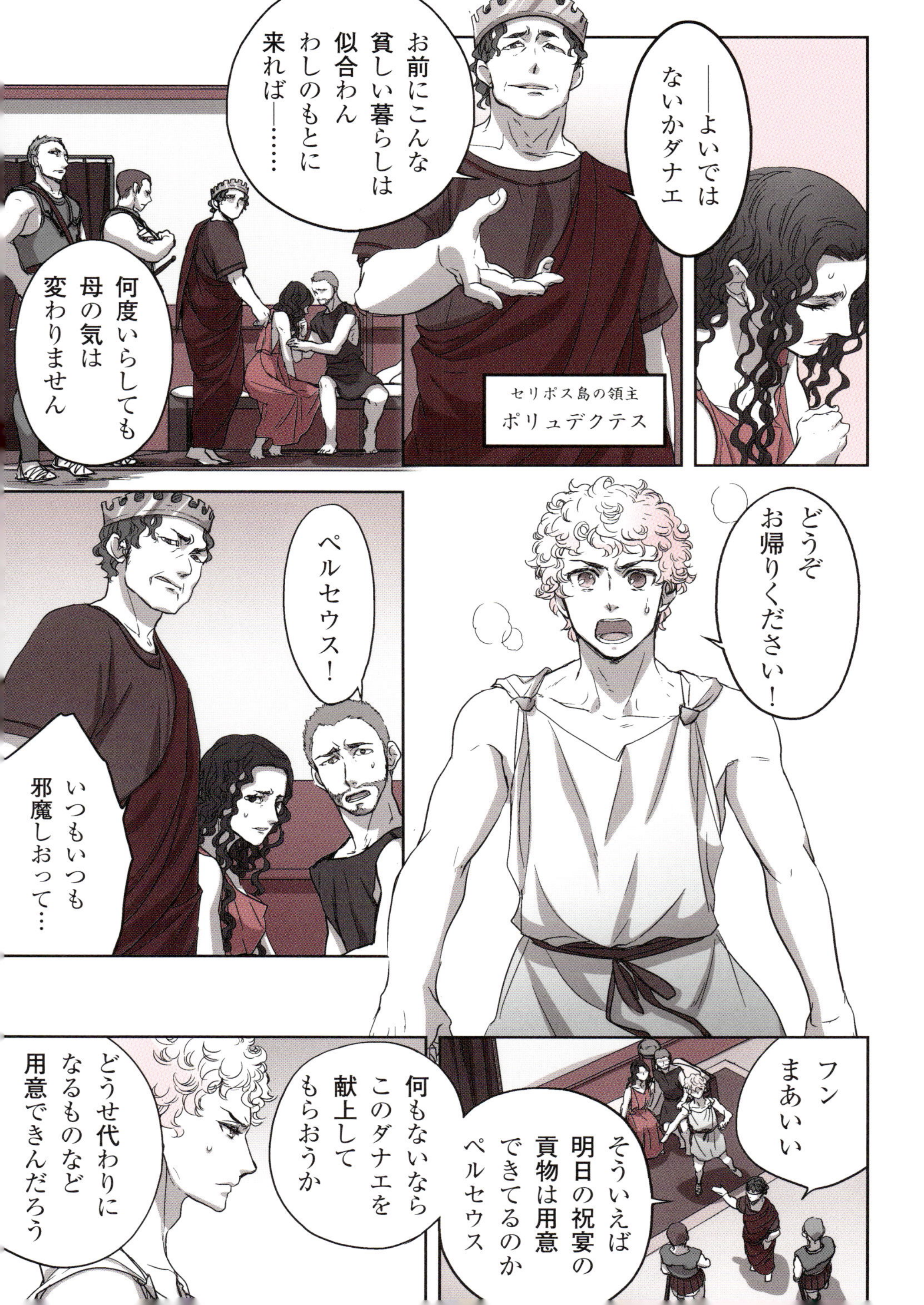
――よいでは
ないかダナエ
お前にこんな
貧しい暮らしは
似合わん
わしのもとに
来れば――……
セリポス島の領主
ポリュデクテス
何度いらしても
母の気は
変わりません
どうぞ
お帰りください！
ペルセウス！
いつもいつも
邪魔しおって…
フン
まあいい
そういえば
明日の祝宴の
貢物は用意
できてるのか
ペルセウス
何もないなら
このダナエを
献上して
もらおうか
どうせ代わりに
なるものなど
用意できんだろう

生国《しょうごく》を追われても辛苦に耐えて育ててくださった母は私にとってかけがえのない存在
…西の果てに住むというゴルゴンの首なら母の身代りとなりますでしょうか
ペルセウス！
…よかろう
やれるものならな
ゴルゴン
見るものすべて石に変える怪物——……
まともな剣すらないというのに無謀な約束をしたものだな

弟よ
あ…あなたは!?
ゼウスの使者旅人たちの導き手ヘルメス
つまりお前の兄だ
さあ――……
オリュンポスがお前の後ろ盾となろう
ペルセウスはアテナから無敵の盾ハデスから姿を隠す兜《かぶと》ヘルメスから空を駆けるサンダルを与えられた
だがそれだけではまだゴルゴンに辿り着けない

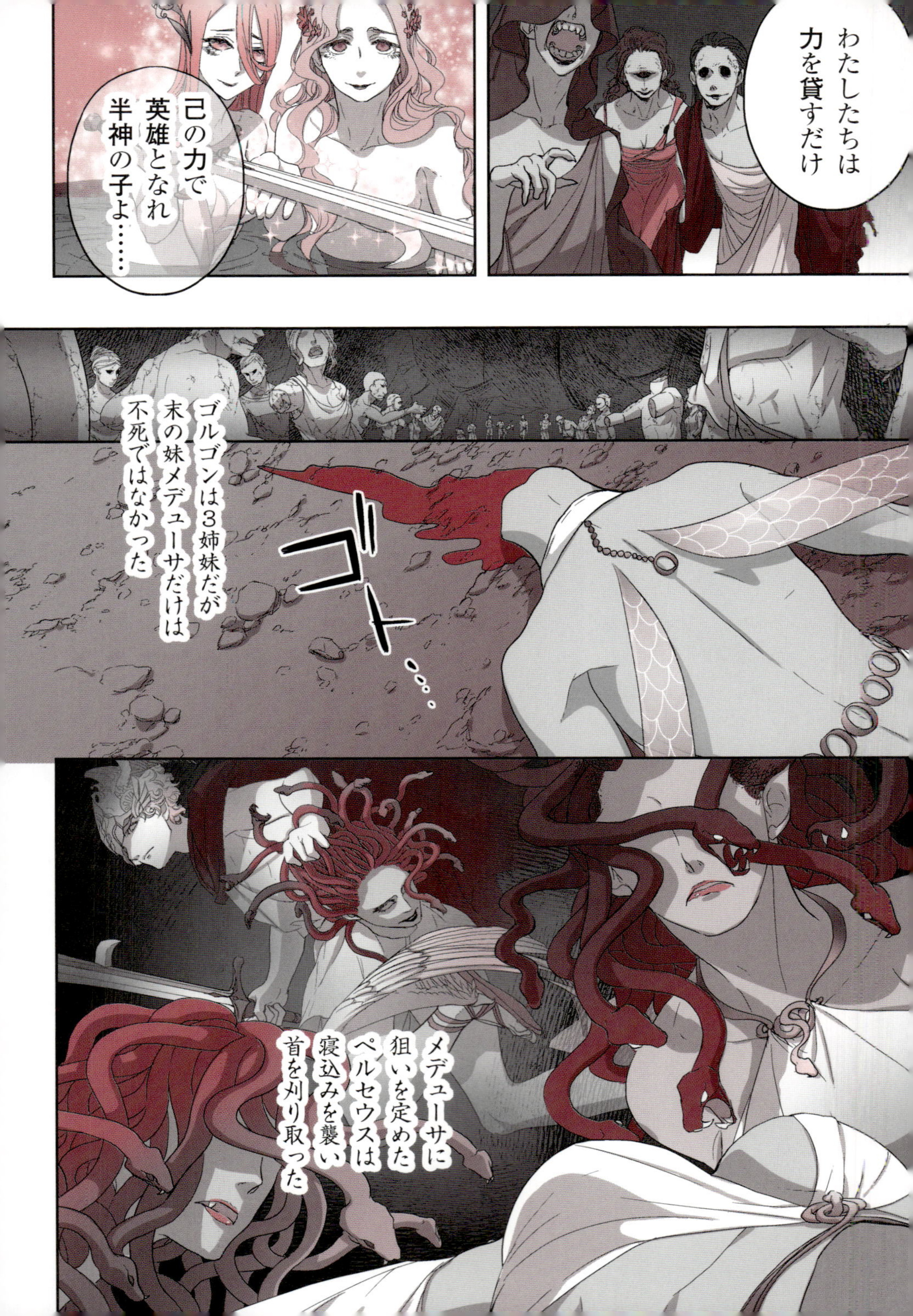
わたしたちは力を貸すだけ
己の力で英雄となれ半神の子よ……
ゴルゴンは3姉妹だが末の妹メデューサだけは不死ではなかった
ゴト…
メデューサに狙いを定めたペルセウスは寝込みを襲い首を刈り取った

?
急に天気が――……
これでポリュデクテス様も母を諦めるはず
力をお貸しくださった神々に感謝しなければ――……
王妃様が美しさで神に勝るなどと言ったためにポセイドンさまがお怒りになって海を荒らしているそうだ
それで生贄《いけにえ》に娘を差し出せと？
ああ！おかわいそうに！アンドロメダ姫様
それは本当ですか？

神を侮った本人を罰するのではなく家族に償わせるとはなんとむごい
あっあなたは…神——……なのですか？
いいえ私は——
ああっ来た！ポセイドンさまの使わされた怪物だ…！
えっ

あの怪物は私が退けます早く逃げて！
いけません！それではポセイドンさまの怒りが治まらず民が災いに晒《さら》され続けます
ゼウスの子であるわたしがあなたを守ると言っているのです！
神の怒りが恐いというなら生涯を通してあなたを災いから守り続けます!!

どうだダナエ
お前のために
ペルセウスを
偲《しの》ぶ歌をつくらせた
ああ愚かな
ペルセウス
身の程知らずの
ペルセウス
ゴルゴンに
挑んで哀れ
石像に——……
やめてください
あの子は必ず
戻って——……
勇敢なペルセウスは
神のご加護を受けて
空を舞って剣を奮い
見事怪物を
討ち果たす
そして助けた
姫君を連れ
母の元へ——……
なっ
なんだお前は…
ポリュデクテス様

ペッ
ペルセウス
…ッ!?
ザワ…
お望みのものは
こちらに
偽物!
偽物だ!!
見れば石に
なると脅せば
本物かどうかも
確認できないと
思って騙すつもり
なのだな卑怯者!!
ならば
あなたがその目で
確かめてください
ズ
ハッ
よかろう
どうせ……
パキ
パキ
パキ
あ……あ!?
ア゛アアア…
お帰りなさい
ペルセウス…!
ペルセウスと母ダナエ
そしてペルセウスの妻となった
アンドロメダは
ダナエの故郷であるアルゴスへ移り住み
ともに暮らしたという

英雄ヘラクレスの災難
キャアアアアア！
なぜ蛇がこんなに……！
いやそれより この子の力…… どう考えても 人のものじゃない まさか…
アルクメネの夫 アムピトリュオン
ミュケナイ王の娘 アルクメネ

テーバイの国に暮らす
アルクメネを見初めたゼウスは
戦に出ていた夫
アムピトリュオンの姿に化け
彼女を一夜の妻とした
そうして
生まれたのが
のちの英雄
ヘラクレスだ
幼いヘラクレスは
夫ゼウスの浮気に
激怒したヘラから
毒蛇を差し向けられたが
いともたやすく退けた
しかし
より一層怒りを深くした
ヘラからさらなる苦難を
与えられるのだった——
時は流れ——
神に愛された英雄！
テーバイ最強の戦士!!
神の栄光!!
たくましく成長した
ヘラクレスは
テーバイ王女メガラを妻とし
3人の子どもをもうけた

憎たらしい不義の子め
身の程に相応しい運命を辿って短い生を終えるなら目こぼしもしてあげたのに
お前は幸せになってはならない
己の幸運を恨みなさい――……
ひぃいいい！
あ…あああ
ヘラクレス様なぜこんなことを！

なんだこれは
わたしが……？
いや違う
わたしが
あ…あああ
ヘラの呪いにより
正気を失ったヘラクレスは
妻と子を手にかけてしまった
デルポイ
自分の妻子を
殺した罪——……
どうすれば
あがなうことが
できるでしょう

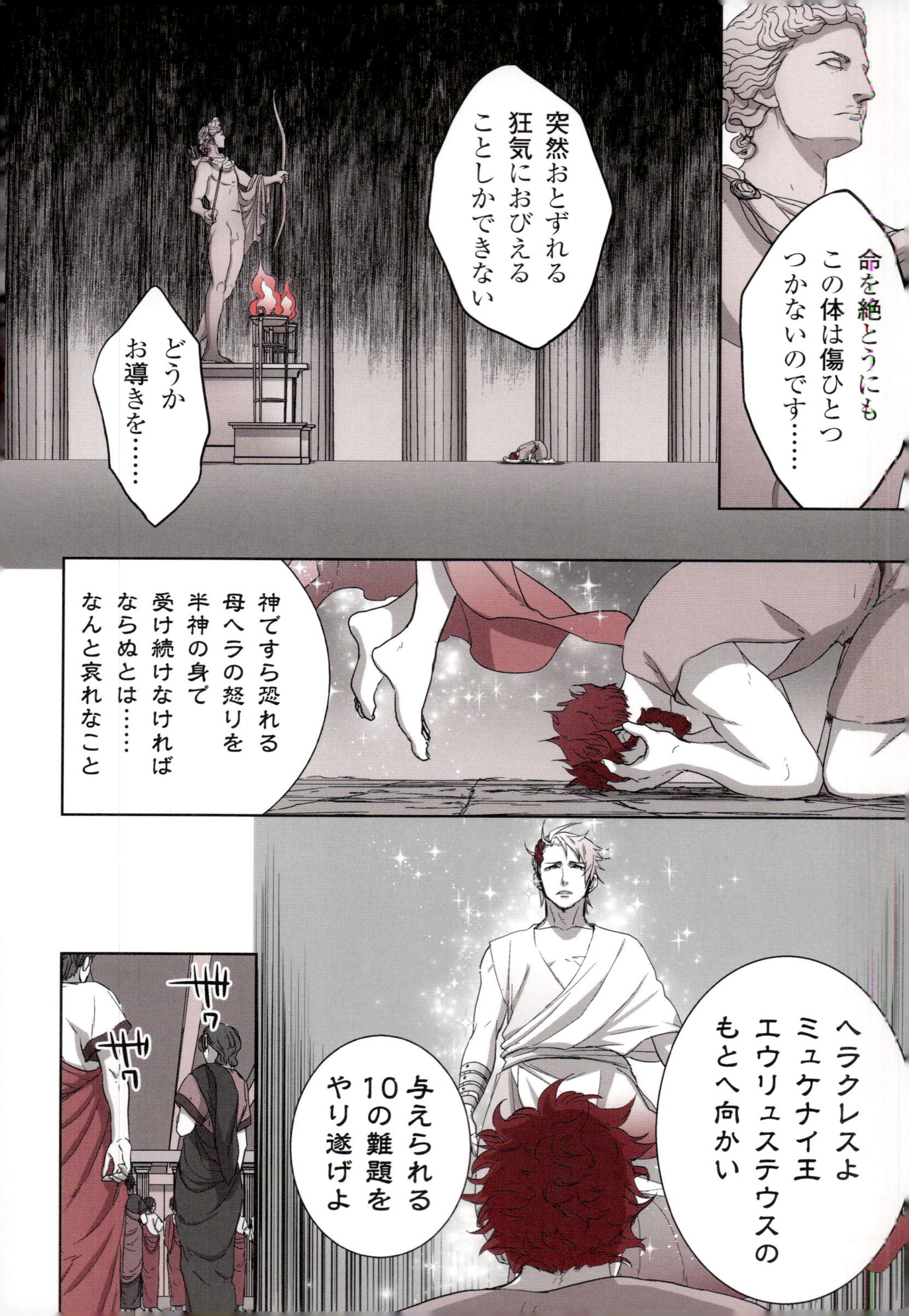
命を絶とうにも この体は傷ひとつ つかないのです……
突然おとずれる 狂気におびえる ことしかできない
どうか お導きを……
神ですら恐れる 母ヘラの怒りを 半神の身で 受け続けなければ ならぬとは…… なんと哀れなこと
ヘラクレスよ ミュケナイ王 エウリュステウスの もとへ向かい
与えられる 10の難題を やり遂げよ
ギュ
ギュ

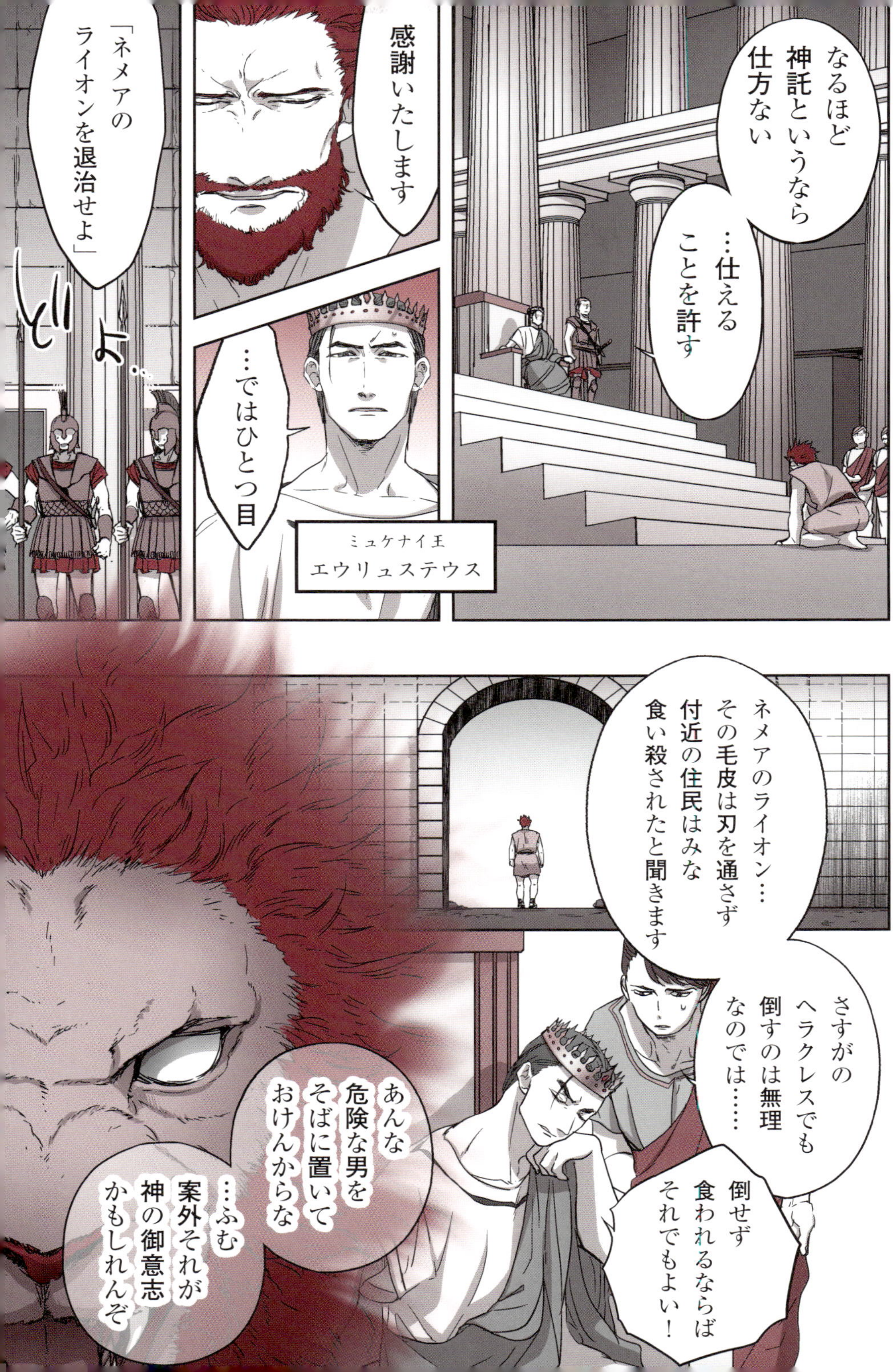
なるほど神託というなら仕方ない
…仕えることを許す
感謝いたします
…ではひとつ目
ミュケナイ王 エウリュステウス
「ネメアのライオンを退治せよ」
どよ…
ネメアのライオン…その毛皮は刃を通さず付近の住民はみな食い殺されたと聞きます
さすがのヘラクレスでも倒すのは無理なのでは……
倒せず食われるならばそれでもよい！
あんな危険な男をそばに置いておけんからな
…ふむ案外それが神の御意志かもしれんぞ

ガオオオオ
なんとあれは…ライオンの毛皮だ
よ…よくやったヘラクレス
では次の課題を授ける
は…
第2の試練
ヒュドラ退治

第3の試練
アルテミスの
鹿を捕まえる
第4の試練
大イノシシを
生け捕りにする
第5の試練
エリス王
アウゲイアスの
汚れた畜舎の掃除
第6の試練
鉄の羽を持つ
鳥の退治
第7の試練
クレタ島の
狂暴な牡牛を
生け捕りにする
第8の試練
アマゾネスの女王
ヒッポリュテの
帯を手に入れる
第9の試練
人食い馬を
生け捕りにする

第10の試練 怪物ゲリュオンが飼う 牛の群れを捕らえる
いずれも人の力では とうてい不可能な 10個の難題を 本当に達成したぞ
やはり 英雄なのだ
いや！ ひとりで成し遂げ なかった試練も あったであろう
よって あとふたつ試練を 言い渡す——！
第11の試練 黄金のリンゴを 手に入れる
第12の試練 冥界の番犬 ケルベロスを 地上に連れてくる

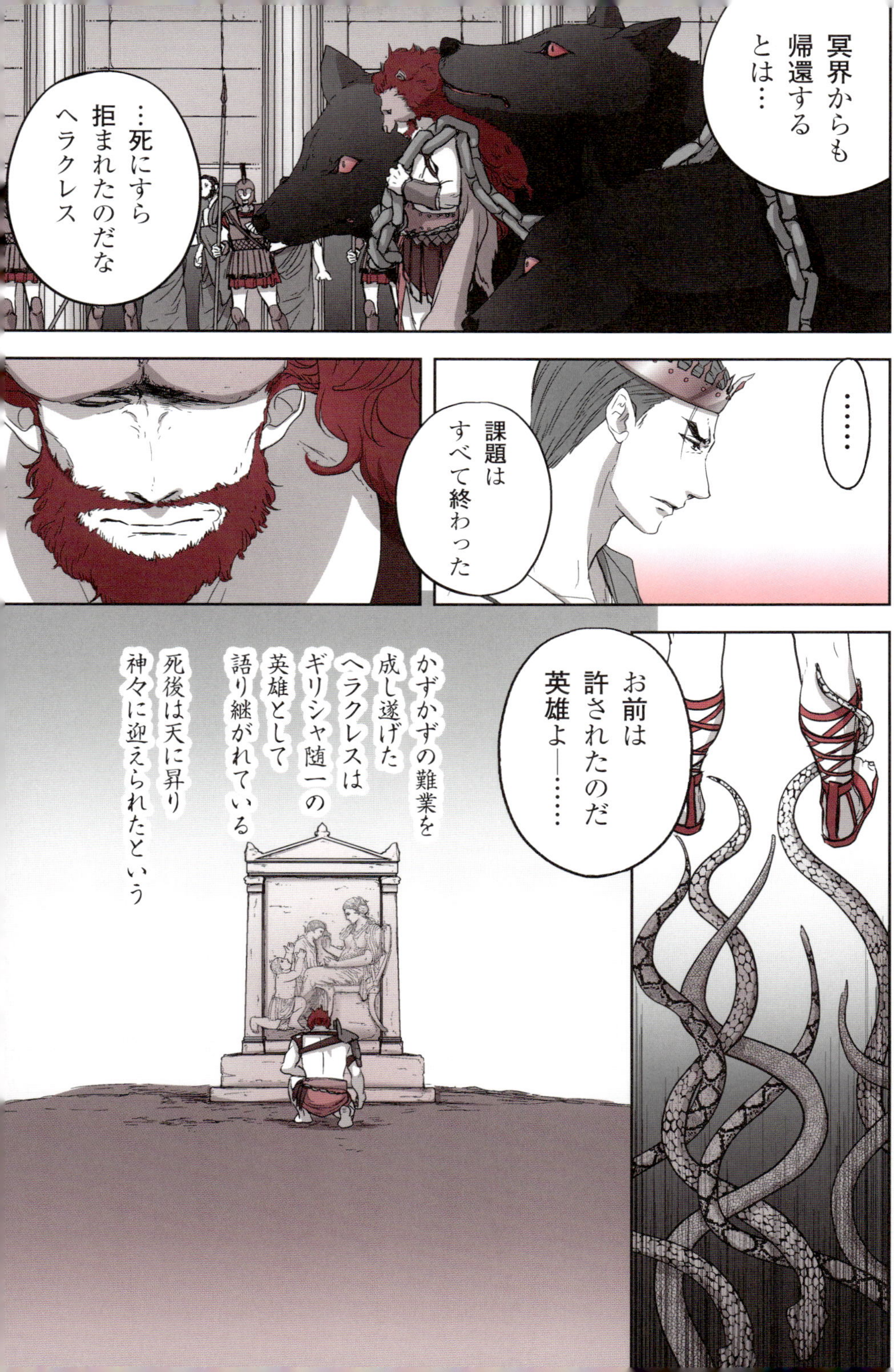

冥界からも帰還するとは…
…死にすら拒まれたのだなヘラクレス
……
課題はすべて終わった
お前は許されたのだ英雄よ——……
かずかずの難業を成し遂げたヘラクレスはギリシャ随一の英雄として語り継がれている
死後は天に昇り神々に迎えられたという

テセウスと怪物ミノタウロス
テュロス王女
エウロペは
美しい娘だった
ペルセウスの母ダナエや
ヘラクレスの母アルクメネと
同じように彼女もまた
最高神ゼウスの
寵愛を受けることになる
美しい牡牛《おうし》の姿で
エウロペに近づいたゼウスは
彼女を背に乗せると
広大な海を渡り
クレタ島へと連れ去った
やがてエウロペは
ゼウスの子を生み
そのうちのひとりミノスは
クレタ島の王となった
しかし……

クジを引け！
全員！全員だ!!
またクレタへの贄《にえ》を差し出す年がやってきてしまったのか…
どうかうちの子が選ばれませんように…
こんな悪習いつまで続けるおつもりですか父上
アテナイ王 アイゲウス
アイゲウスの息子 テセウス
テセウス…これはクレタとの戦に負けたときに国土を差し出す代償として交わされた協定なのだ

クレタ島には
ミノタウロスという
怪物がいる
事のはじまりは
クレタ王ミノスが
生贄《いけにえ》の牛をめぐって
ポセイドンの怒りに
触れたことだった
ポセイドンの怒りで
ミノスの妻は
牡牛《おうし》に欲情する呪いを
かけられてしまう
その果てに
生み落とされたのが
半人半獣のミノタウロスだった
王はこの凶暴な
怪物を殺すこともできず
二度と出てこられない
迷宮をつくらせ
閉じ込めていた
怪物のエサを
求めるのは
クレタ王の勝手では
ないですか
罪なき若者を
差し出し続けるなど
王にあるまじき
ことです
では
一体どうすれば
よいというの？

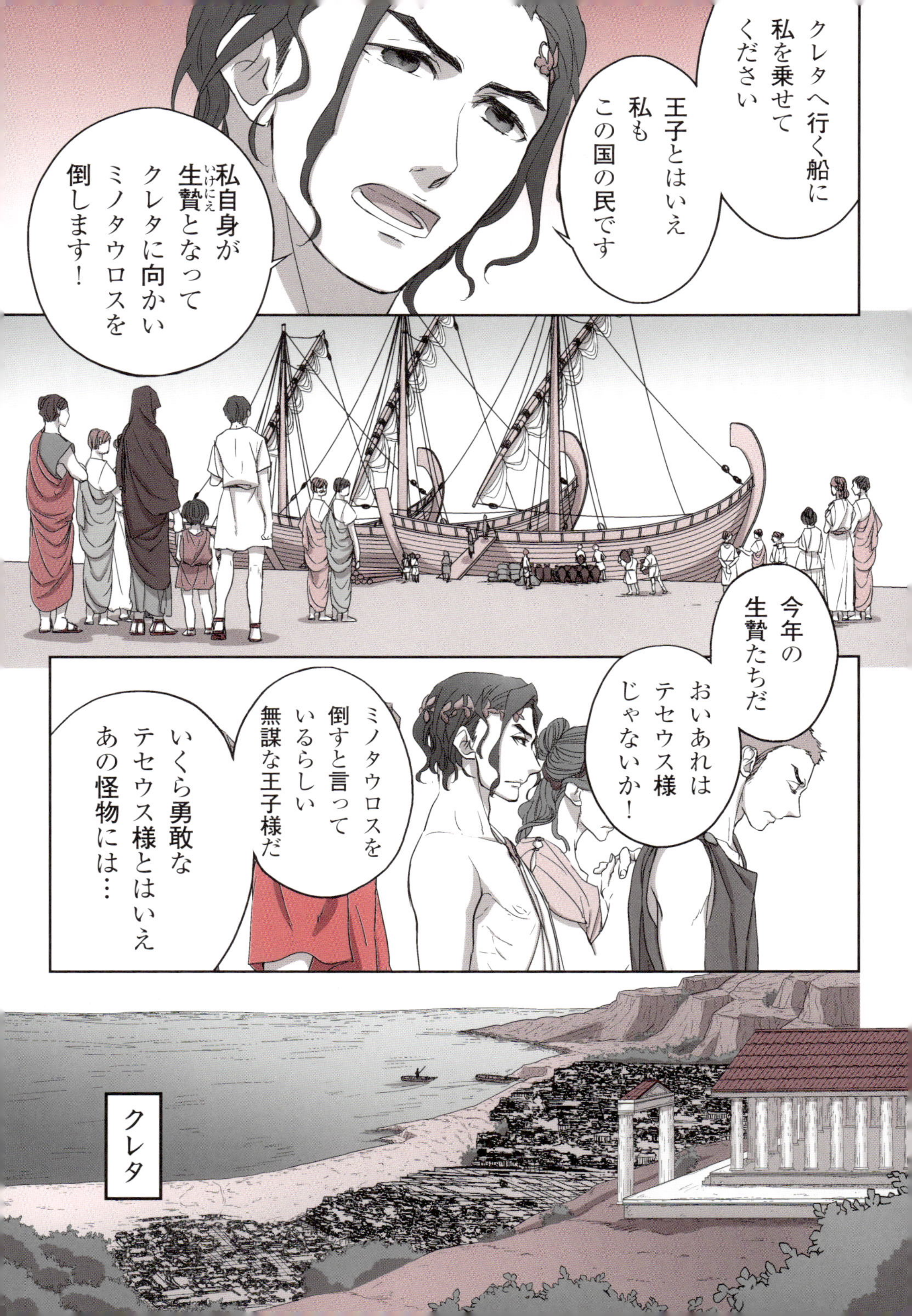

クレタへ行く船に私を乗せてください
王子とはいえ私もこの国の民です
私自身が生贄《いけにえ》となってクレタに向かいミノタウロスを倒します！
今年の生贄たちだ
おいあれはテセウス様じゃないか！
ミノタウロスを倒すと言っているらしい無謀な王子様だ
いくら勇敢なテセウス様とはいえあの怪物には…
クレタ

まったく！
これから死にゆく方々を見世物にするなんてすっごく悪趣味！
そもそも父上はこんな野蛮なこといつまで続けるつもりなのかしら――……
クレタ王女
アリアドネ
！

あ…
あの方も人質なの…？
姫さまどうなさいましたっ？
ひっ
なんて恐ろしい声…
ああ…明日にはもう怪物に食べられているなんて……
大丈夫！私が一番前を歩いて怪物を倒してしまうよ
ああ王子……
私たちと一緒にこんなところに入れられて…
いけないよそれは秘密なのだから
なんてこと！
今…王子とおっしゃいましたか

アテナイ王よ
一体何を考えているのです!?
王子がわが国で死んだとなっては両国の遺恨はますます深まってしまいます
こんな血生臭い約束事だってもうやめてほしいのに…
あの
あなたは
あっ
わたしはこの国の三女でアリアドネと申します
おかしいと思われるでしょうけどあなたを助けに参りました
王女様が一体なぜこんなところに?
ふふ
本当だ
あなたも王子なのにこんな所にいるわ
あなたは迷宮の恐ろしさをおわかりでないのです
たとえ怪物を倒しても脱出することは叶わないでしょう
だから――…
……っ

これを
迷宮のつくり手 名工ダイダロスに つくらせた 糸玉です
これを迷宮の 入口に結んで進めば 戻ってくることが できるはず
この剣も お役立て ください
――……
わたしが父の意向を 無視してあなたを 助ける意味を――……
汲んでいただけ ますか…？
あなたの覚悟 たしかに 受け止めました

ミノタウロスを倒し
必ず戻ってきます
わたしと一緒に
アテナイに来て
くださいますか
はい…！
かの名工
ダイダロスの
つくった迷宮…
戻ってきた
生贄《いけにえ》はいない
飢えて死んだのか
ミノタウロスに
喰われたのかは
知らんがな
さあ入れ
ひいっ

ジャラ・・・
ジャラ・・・
グルルルル…
きゃあああああ
グォォォォォ

ヷーオォオォオォ

…これでもう生贄《いけにえ》は必要ないすべて君のおかげだアリアドネ
……ともにアテナイに参りましょう
アリアドネはテセウスの子を身籠《みごも》ったが見捨てられたともぶどう酒の神ディオニュソスに見初められて連れ去られたとも
またはアルテミスの矢に貫かれて死んでしまったともいわれている
ところがその後テセウスとアリアドネがともに暮らしたという話は残っていない
一方テセウスはイアソンのアルゴー号に乗るなどさまざまな冒険をしたという

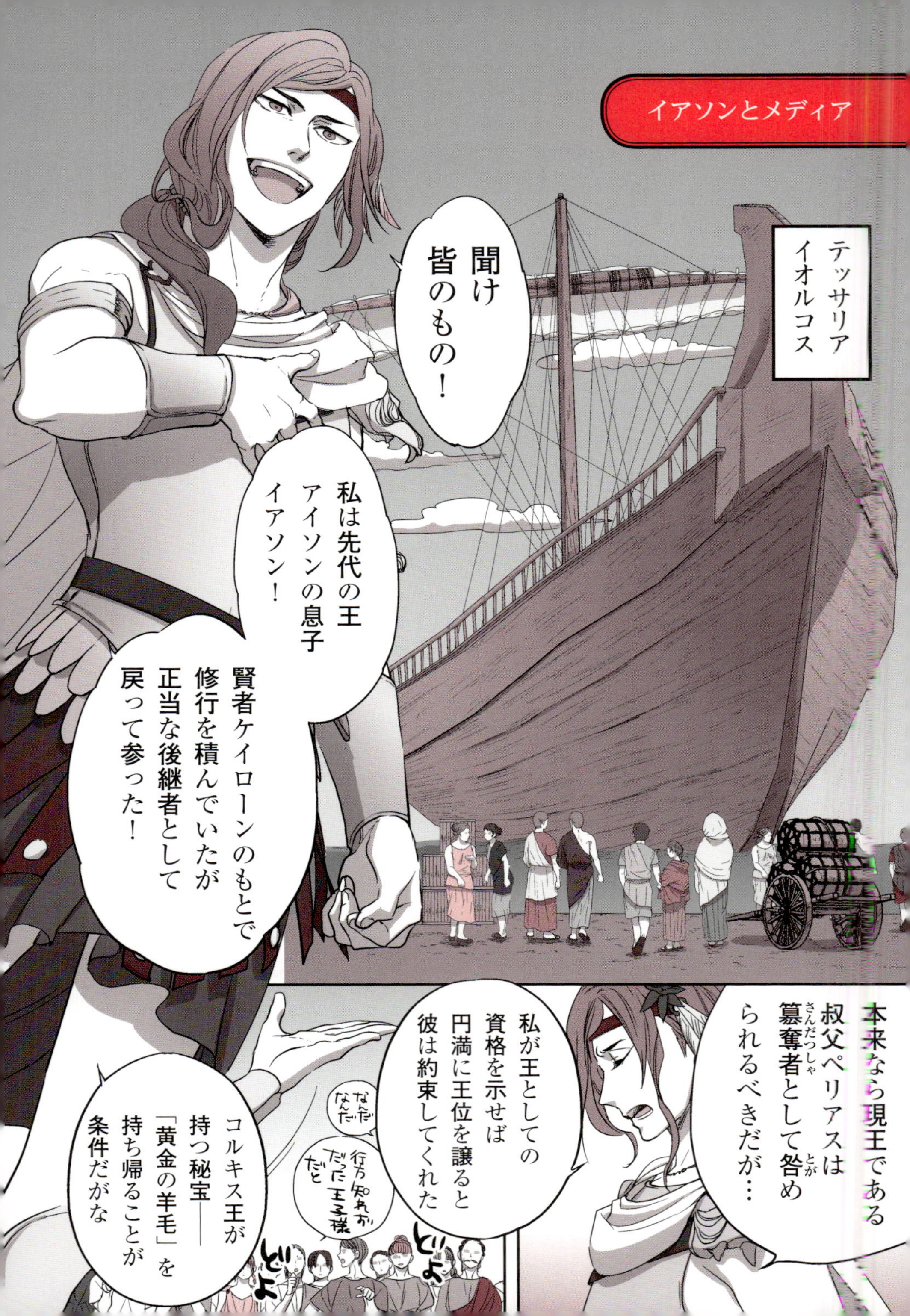
イアソンとメディア
テッサリア
イオルコス
聞け
皆のもの！
私は先代の王
アイソンの息子
イアソン！
賢者ケイローンのもとで
修行を積んでいたが
正当な後継者として
戻って参った！
本来なら現王である
叔父ペリアスは
簒奪者《さんだつしゃ》として咎《とが》め
られるべきだが…
私が王としての
資格を示せば
円満に王位を譲ると
彼は約束してくれた
なんだなんだ
行方知れずだった王子様だと
どよどよ
どよどよ
コルキス王が
持つ秘宝——
「黄金の羊毛」を
持ち帰ることが
条件だがな

イアソンの「黄金の羊毛」探しの冒険には50名を越える勇士たちが従った

イアソンは
彼らの力を借りて
さまざまな困難を
乗り越え――……
ついにコルキスに
辿り着いた
イアソンと
申したな
話は
わかった
が――……
コルキス王
アイエテス
お主にわが国の宝を
渡さねばならない
道理がないのは
わかっておるな

もちろん タダでとは 申しません
…まあ遠く イオルコスから ここまで辿り着いた ということは お主には神の加護が あるのだろう
他人に任せず 王子自ら旅に 出たところも 感心ではある…
…ふん そうだな
火を吐く 青銅の牛に 立ち向かい
龍の歯から 生まれた兵士を すべて打ち倒す ことができたら 渡してもかまわん
は…!
これをお主 ひとりで 成し遂げよ
なっ
アルゴー号の 名だたる勇士たち ではなく お主自身の力を 見たいと 言っているのだ
彼らが集まったのは この私を 信頼したからで……
あら いけないわ 異国の王子様

試練に譲歩を求めるなんて見栄えが悪いわ
メディア
コルキス王女 メディア
勇者は潔く寡黙《かもく》でなくちゃ うふふ
お父様
わたくし 遠くの国のお話が聞きたいわ
王子様が試練に旅立つまでお話ししていてよいかしら
は？
ねえイアソン様 わたくし あなたを助けてあげましょうか
わたくし 魔術が使えますの
うふふ 怖がらないでくださいね

炎を浴びても剣で斬られても傷つかないカラダにしてあげることもできますのよ
カリ……
びく
そっ…
れは
本当ならありがたいことです
私にはヘラクレス殿のような強靭《きょうじん》な身体も力もありません父君の出した条件はとても……
じゃあわたくしあなたを助けて差し上げますわ！
うふふ素敵
きっとわたくしの魔術はお役に立つわ
あ…いやしッしかしその…
会ったばかりの私になぜお力添えをしてくださるのです
だってあなたが困っているのを見ていたら味方したくなってしまいましたの
は…

ねえ…わたくし
あなたを助けます
だから
わたくしを妻にしてくださいます？
ツッ妻に？
ええ！…お嫌ですの？
あっいや――……
…まあいい 王女が味方についてくれたら コルキス王も宝を持ち帰ることを許すかもしれない
では本当に試練を乗り越えることができたら――……

すごい 痛くも
かゆくもない…
メディアの力は
本当だった――……
メディアの魔術によって
与えられた条件を
達成したイアソンは
黄金の羊毛を手に入れ
メディアを妻として
イオルコスへと帰還した
しかし――……
どういう
ことです
叔父上！

はッ…生まれてから ずっと行方知れずで 戻ってきたと思ったら 何年も国を空けるような 王子が国を継いでは 民も不安であろう
なっ…私は あなたが課した 試練のために…
そんな――……
イオルコス王 ペリアス
まして他国の王女を 奪うようにして 連れ帰ってくるとは
うふふ
だいじょうぶ わたくしがあなたを 助けてあげますわ
すごい…! 老いたヤギが 本当に 若返ったわ!
メディア あなたの魔術って 本当なのね
ペリアスの娘たち

うふふ
わたくしこの力で人の為になることをしたいの
民のためですものイアソンのことは仕方がないけど――……
今後もペリアス様が末永くこの国を治めていくためには若さと活力が必要でしょう？
この術は人にも効くのだから――
お前たち一体何を――……
逃げないでお父様
わたしたちお父様の助けになりたいの
――これは…

一体なぜ
こんなことを…
違うっ
父上はこのあと
若いお姿で
生き返るのよ
これは
魔術なの
メディアが
教えて
くれたのよ
こうして
ヤギを生まれ
変わらせたの
バラバラに
切り刻んで
薬液で煮たら
子ヤギ
が——
これで
あなたが
王ですわね

ところが――
メディアの所業が明るみに出ると魔術を恐れた民から激しく糾弾され
魔女!
なんて女を連れ帰ったんだ
出てけ!
イアソンとメディアはコリントスへと逃れた
数年後
ちちうえ～!
メルメロス
虫は逃してやれ
かわいそうだろう
うふふ
イアソンとメディアの子
メルメロスとペレース

かわいい！ふたりともイアソン様によく似てらっしゃるわ
コリントス王女 グラウケ
あっあの今日メディア様は……
ああ…どうも具合が悪いらしい
君が遊んでくれて助かるよ子どもたちも喜んでる
聞けばあなたはイオルコスの王子イアソン様だとか
コリントス王 クレオン
有名なアルゴナウタイの英雄ではありませんか
どうでしょうあなたさえよければ娘を妻にしていただけませんか
おっお父さま
イアソン様にはメディア様とお子さんが――……
イアソン様わたし――……
あなたの子どもならきっと自分の子どものように愛せます
あ

王子である
私が国を
追われたのは
メディアのせいだ
災厄をもたらす
魔女——……
メディアさえ
いなければ
きゃあああああ！
グラウケ様の
花嫁衣装が
突然燃え上がって
助けようとした
王もろとも——……！
あれは……
あれは
魔術だ……！
メディア

お前…グラウケに花嫁衣装を送ったな……！
また…またお前のせいで私の人生はめちゃくちゃだ！
身を引くなどとしおらしい嘘を言って
この魔女め私の前から消えろ!!
あら――……わたくしとの絆を否定なさるのね
悲しいわ
絆の証であるこの子たちも消えてしまう――…
なに、なにを言って……

あなたが否定したの
残念
わたくしもうあなたを助けられませんのね…
やめろ
やめてくれ
メディアはイアソンの目の前で子どもを殺害し姿を消した
その後イアソンは放浪の末に野垂れ死んだという

ギリシャ神話 こぼれ話30 III

神話で活躍する英雄の多くは、ゼウスが人間の女性に恋をしてできた子どもであり、半神半人の超人だ。華やかな冒険のかずかずと波乱に満ちた生涯をみていこう。

その16 ペルセウスの帰還と避けられなかった予言

神々の助力で怪物ゴルゴン（メデューサ）を倒したペルセウスは、母と妻を連れ故郷のアルゴスへ戻る。祖父であるアルゴス王は「孫の手にかかって命を落とす」という神託を恐れ、ペルセウスの帰還を知ると国を逃げ出していた。

その後、ペルセウスはラリッサという町の競技会に参加するが、勢いよく投げた円盤が運悪く見物人のひとりを直撃。このとき命を落とした老人こそ、祖父であるアルゴス王であり、予言は果たされてしまった。これを嘆いたペルセウスは、アルゴス王位を親戚の治めるティリンスと交換し、自身はティリンスや近隣のミュケナイなどを統治したという。

アントニオ・カノーヴァ『メドゥーサの頭を持つペルセウス』（ヴァチカン美術館蔵）

その17 生贄《いけにえ》に捧げられた王女アンドロメダ

英雄ペルセウスに救われるアンドロメダは、絵画などの芸術作品でも人気のテーマだ。絵画では白い肌で描かれることがほとんどだが、エチオピアの王女であることから、実際は黒人なのではないかといわれることもある。

この神話に登場するペルセウス、アンドロメダやエチオピア王ケペウス、王妃カシオペアはいずれも星座として名を残している。また、アンドロメダ座の隣にあるペガスス座は、ペルセウスがメデューサの首を切り落とした際、岩に滴った血から生まれ出た翼をもつ馬ペガサスの名前がつけられた星座である。

フランソワ・ルモワーヌ『ペルセウスとアンドロメダ』（ウォレス・コレクション蔵）

その18

波乱と苦難に満ちたヘラクレスの生涯

アントニオ・デル・ポッライオーロ『ヘラクレスとヒュドラ』(ウフィツィ美術館蔵)

英雄ペルセウスのひ孫に当たるヘラクレス。女神ヘラに憎まれた彼が「ヘラの栄光」を意味する名で呼ばれているのにはわけがある。ゼウスは赤ん坊のヘラクレスを無敵の体にするため、ヘルメスに命じて眠っているヘラの乳を含ませた。あまりに力強く吸うので驚いたヘラは目を覚まし、赤ん坊をはねのけたが、このときこぼれた乳が飛び散って天の川になったといわれている。英語で天の川を「ミルキーウェイ」と呼ぶ由縁だ。

その後もヘラの恨みは消えず、ヘラクレスは彼女に狂わされて妻と子を殺してしまう。この罪をあがなうため、ミュケナイ王に与えられた12の試練を乗り越える冒険がはじまるのだ。

しかし、かずかずの難行を乗り越えてもなお、彼の苦難の道は終わらなかった。新たな妻デイアネイラを迎え故郷へと戻る途中、エウエノス川にさしかかったヘラクレスは、渡し守であるケンタウロスのネッソスに妻を向こう岸まで運んでもらう。ところが、ネッソスは対岸で彼女に乱暴しようとして追いついたヘラクレスに毒矢で射貫かれ、デイアネイラに「自分の血は媚薬になる、取っておいて夫の衣服に染みこませろ」と囁《ささや》いて死亡。これを信じたデイアネイラは、のちにヘラクレスがオイカリア王女イオレを捕虜にした際、夫の愛を取り戻そうと実行してしまう。ヘラクレスがこれを着ると猛毒が身体に回り、苦しみに耐えかねた英雄は自ら積み上げた薪の上に横たわって炎の中で息絶えた。このとき、火をつける役目を引き受けたピロクテテスは英雄の弓を譲り受け、これがのちのトロイア戦争で重要なアイテムとなっている。

ヘラクレスの魂は天上に上げられ、ヘラとゼウスの娘ヘーベーを妻に迎え神となったという。苦難に挑戦し続けたヘラクレスが、ついにヘラに認められたのだ。

『ヘラクレスとネッソス』(フィレンツェ、シニョーリア広場)

その19
アッティカ地方の英雄 テセウスと女性たち

テセウスはアテナイ王アイゲウスがトロイゼンへ出かけた際に、王女アイトラとの間にできた子どもで、実はポセイドンの息子だったともいわれている。青年となったテセウスは父を訪ねてアテナイへと旅をし、道中で多くの怪物を倒して武勇伝を残した。テセウスが到着したとき、アイゲウスの妻となっていた魔女メディアは彼を殺そうと謀《はか》ったが、失敗して国を追放されたという。

見捨てられたとも
ぶどう酒の神デュオニソスに
見初められて
連れ去られたとも――
または
アルテミスの
貫かれて死ん
しまったとも
いわれている
ところがその後
一方テセウスは

「アリアドネの糸」は、「困難を解決する鍵」という意味の言葉となった。

　テセウスはアテナイを苦しめていたクレタ島のミノタウロスを倒し、王女アリアドネを連れて帰路についた。しかし、その後ふたりが結ばれたという話は伝わっていない。のちにアリアドネの妹パイドラなど数人の女性を妻にするも、いずれも不幸な結末に終わっており、友人とともにスパルタの王女ヘレネや冥界の女王ペルセポネをさらおうとして、手痛い報復を受ける逸話も残されている。

　ヘラクレスの試練に協力したり、イアソンの冒険に参加したりと多くの活躍が語り継がれる名高い英雄テセウスだが、女性関係は運がなかったのかもしれない。

その20
英雄たちが勢ぞろい！ アルゴー号の大冒険

黄金の羊毛を求めてコルキスを目指すイアソンの航海は、50人を超える勇士が同行した大々的な冒険だった。名高き英雄ヘラクレス、テセウスをはじめ、のちにトロイア戦争の英雄アキレウスの父となるペレウス、ふたご座伝説で知られるカストルとポリュデウケス、竪琴の名手オルペウス、そのほかにも神々の血筋である英雄たちが集い、まさにギリシャ中の英雄が集結したかのようなメンバーだ。

　巨船アルゴー号に乗り込んだことから「アルゴナウタイ」と呼ばれる彼らは、旅の途中で怪鳥セイレーンや、通る者を挟み潰す大岩などさまざまな困難をくぐり抜けてコルキスへとたどり着いたと語られている。

アルゴナウタイのメンバー

50人以上ともいわれる乗組員の一部を紹介する。

ヘラクレス	ゼウスの息子、最強の英雄
テセウス	アテナイの英雄
オルペウス	詩人、竪琴の名手
カストル	ゼウスの息子、双子の英雄
ポリュデウケス	
ペレウス	アキレウスの父
アスクレピオス	アポロンの息子、名医
アタランテ	俊足で知られる女狩人
カイネウス	ポセイドンによって女から男に
アルゴス	アルゴー号をつくった船大工

アルゴー号の乗組員はギリシャ中から集った強者揃いだった。

その21 太陽に近づきすぎたイカロスの悲劇

　天才的な発明家でもあった名工ダイダロスは、クレタ王ミノスの命を受けて凶暴な怪物ミノタウロスを閉じ込めておくための迷宮をつくった。一度入れば二度と出られないといわれる見事なものだったが、ミノタウロスを倒しにやってきた英雄テセウスが王女アリアドネの協力でこれを突破。ダイダロスは怒ったミノス王によって、息子イカロスとともに高い塔（迷宮の中とも）へ幽閉されてしまう。なんとか脱出しようと一計を案じたダイダロスは、鳥の羽を集めてつくった大きな翼を身につけ、窓から抜け出すことに成功した。

　しかし飛行に夢中になったイカロスは父の忠告を忘れてしまう。もっと高く飛ぼうと太陽に近づくと、蝋《ろう》で固めた人工の翼は熱で溶けてばらばらに。イカロスは墜落して若い命を落とした。多くの絵画にも描かれている有名なシーンだ。

メリー・ジョセフ・ブロンデル『イカロスの墜落』（ルーブル美術館天井画）

その22 神話で活躍し星座になった動物たち

　ギリシャ神話といえば星座を思い浮かべる人も多いだろう。英雄や動物はその活躍を神々に認められると天に上げられ、星座となって輝き続けるのだ。占いで知られる十二星座にも、英雄譚の名脇役として登場する動物たちが多い。

　「おひつじ座」はゼウスに命じられ、後妻にいじめられていた幼いきょうだいを助け、背に乗せて空を駆けた黄金の羊だ。毛皮には不思議な力があるとされ、のちにこの毛皮がアルゴー号の冒険のきっかけとなった。

　「おうし座」はテュロス王の娘エウロペに恋をしたゼウスが牛に変身し、クレタ島まで連れ去ったときの姿。このエウロペの名が、「ヨーロッパ」の語源だといわれている。

　「しし座」はヘラクレスの試練のひとつとして倒され、英雄のトレードマークとなったネメアのライオン。「かに座」は同じくヒュドラ退治の際にヘラクレスに向かってあえなく踏みつぶされた化け蟹《がに》が天に上げられたものだ。

リチャード・ラウズ・ブロクサム『ウラニアの鏡』より『Aries and Musca Borealis』

ギリシャ神話 遺跡案内 III

クレタ島 クノッソス宮殿

復元された色鮮やかな建物や壁画が見られるクレタ島の遺跡。

関連キャラクター
ミノタウロス

クレタ島の繁栄を伝える ミノア文明の遺跡

牡牛《おうし》に変身したゼウスによってさらわれたエウロペ。彼女がゼウスの背に乗せられてたどり着いたのは、地中海に浮かぶクレタ島だった。ゼウスとの間に生まれた子はクレタ王ミノスとなり、クレタ島は英雄テセウスのミノタウロス退治の舞台にもなっている。

クレタ島はヨーロッパのなかでも、大規模建築、都市、文字という文明の三要素を備えたはじめての地域として発展する。王ミノスの名にちなみ、クレタ島で栄えた青銅器文明のことをミノア文明と呼ぶ。このミノア文明の象徴ともいえる遺跡が、１９００年に発掘されたクノッソス宮殿遺跡だ。

遺跡は大きく西と東に分かれ、西では行政や宗教行事が行われ、東は住居や工房が立ち並ぶエリアだった。宮殿のつくりは迷路のように複雑で、ミノタウロスが閉じ込められていた迷宮のモデルとも考えられている。現在、遺跡には発掘された壁画や発掘品などのレプリカが置かれ、当時のクノッソス宮殿の様子を垣間見ることができる。

王妃の間に描かれていたイルカの壁画のレプリカ。鮮やかな色彩が印象的だ。

第四章 トロイア戦争とオデュッセイア

第四章 あらすじと登場人物相関図

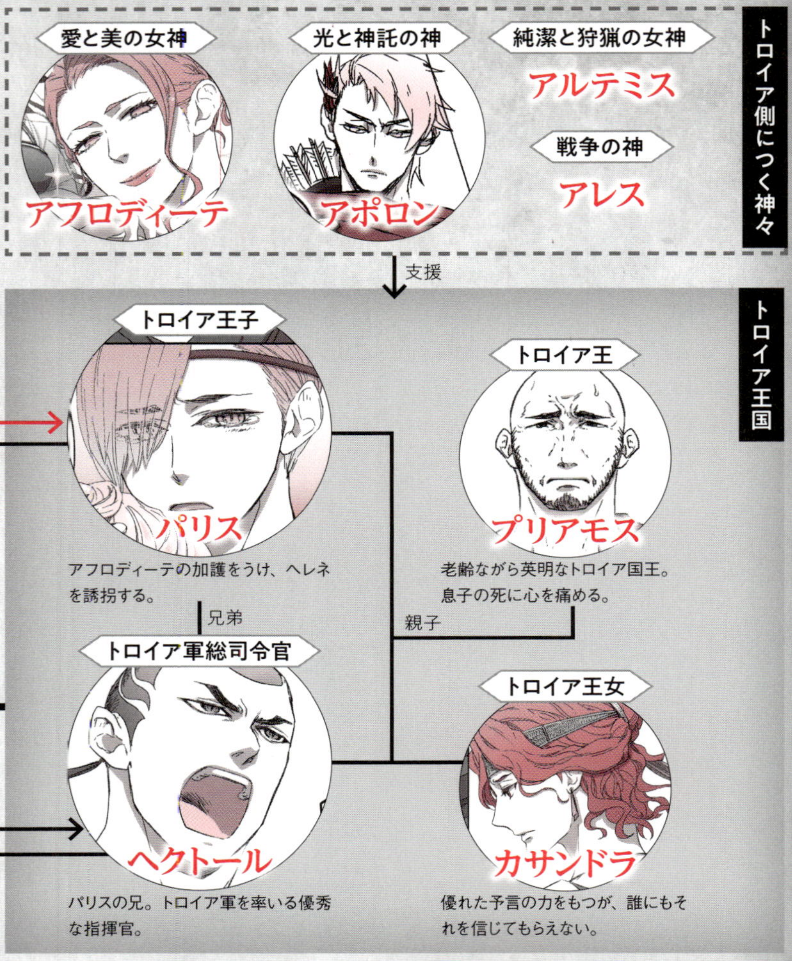

トロイア側につく神々
愛と美の女神
アフロディーテ
光と神託の神
アポロン
純潔と狩猟の女神
アルテミス
戦争の神
アレス
支援
トロイア王国
トロイア王子
パリス
アフロディーテの加護をうけ、ヘレネを誘拐する。
トロイア王
プリアモス
老齢ながら英明なトロイア国王。息子の死に心を痛める。
兄弟
親子
トロイア軍総司令官
ヘクトール
パリスの兄。トロイア軍を率いる優秀な指揮官。
トロイア王女
カサンドラ
優れた予言の力をもつが、誰にもそれを信じてもらえない。

叙事詩に語られたトロイア戦争の顛末

美しさを競い合う女神たちの審判役となったトロイア王子パリスは、褒美としてスパルタ王妃ヘレネを与えられた。しかしこれがきっかけとなり、ギリシャ対トロイアの大戦争が勃発《ぼっぱつ》してしまう。神々も各々の陣営に味方し、戦いは激化していった。

ギリシャ軍の英雄アキレウスは横暴な総大将に反発して戦線を離脱するが、友人パトロクロスを討ったヘクトールを倒すため立ち上がる。復讐は果たしたものの、自身も戦に倒れるのだった。

ギリシャ軍は、知将オデュッセウスによる巨大な木馬を用いた策略で、ついにトロイアを陥落させた。帰路についたオデュッセウスはさまざまな苦難に見舞われながらも故郷を目指し、長い放浪の末、ついに愛する家族との再会を果たす。

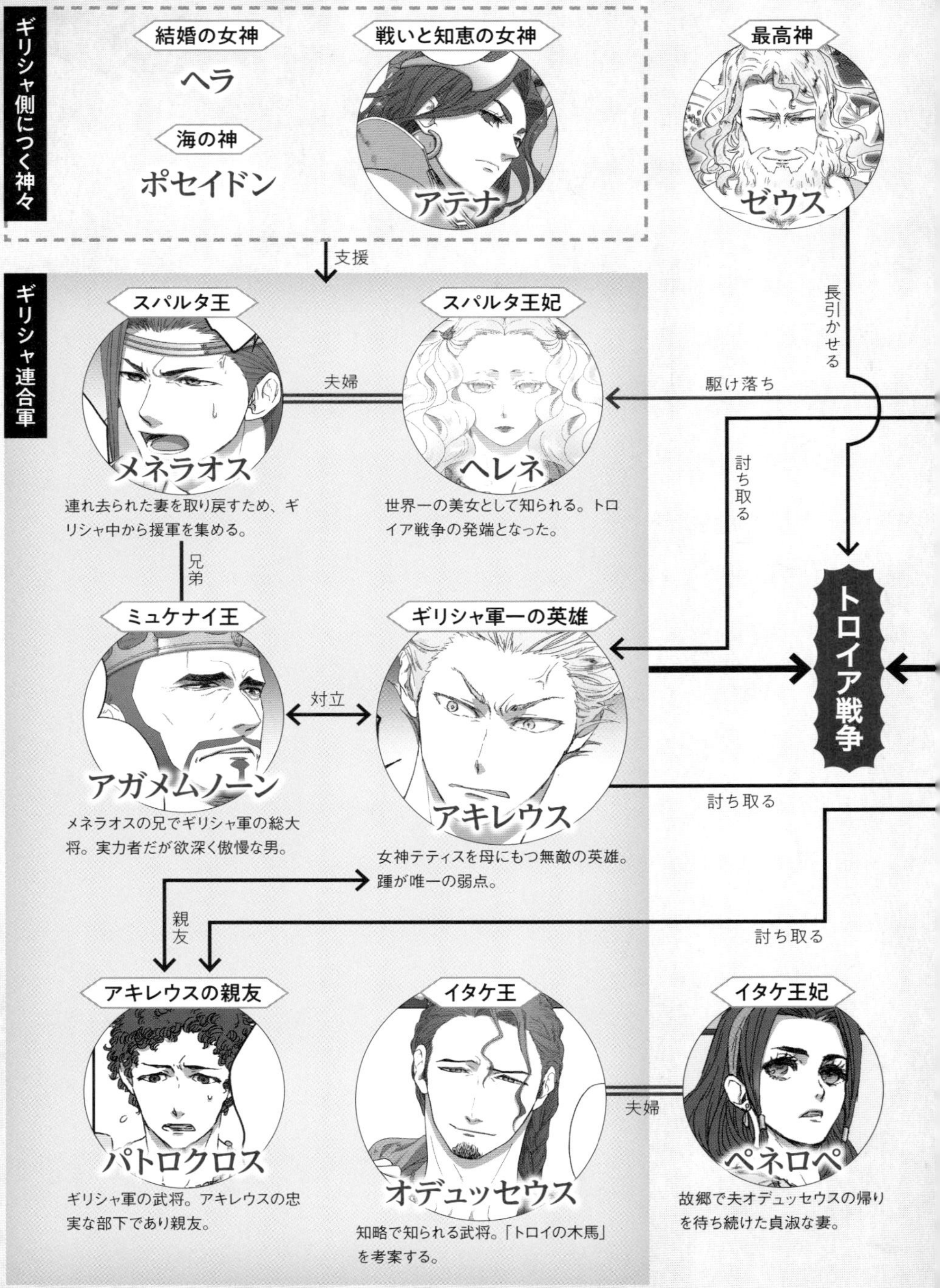

— 血縁関係　＝ 婚姻関係　→ 恋愛関係　→ その他関係性、感情など

パリスの審判
『最も美しい女神へ』――……
こう記されたリンゴを受け取るのは誰がふさわしいか
君が選ぶんだ畏《おそ》れを知る人の子よ

天界で行われたとある婚礼
この祝いの席に多くの神々が参列した
しかし「不和」を司る女神エリスは招かれず
怒ったエリスは婚礼の席にこのリンゴを投げ込んだのだった
『最も美しい女神へ』
これがやっかいでね
トロイアの王の子 パリス
それぞれの美しさを誇って譲らないこのお三方の諍《いさか》いにさすがのゼウスさまも困り果ててしまったというわけなのさ
そこでだ!

美しく、素直で、驕《おご》りを知らない人の子よ
君に判定の栄誉を与えよう
全人類を助けると思って
ゴロゴロ
ゴロゴロ
私を選べば世界の王にしてあげますよ
私を選べばどんな戦いにも負けぬようにしてやろう
ねえパリス世界一の美女と恋に落ちたくはない？
で…では

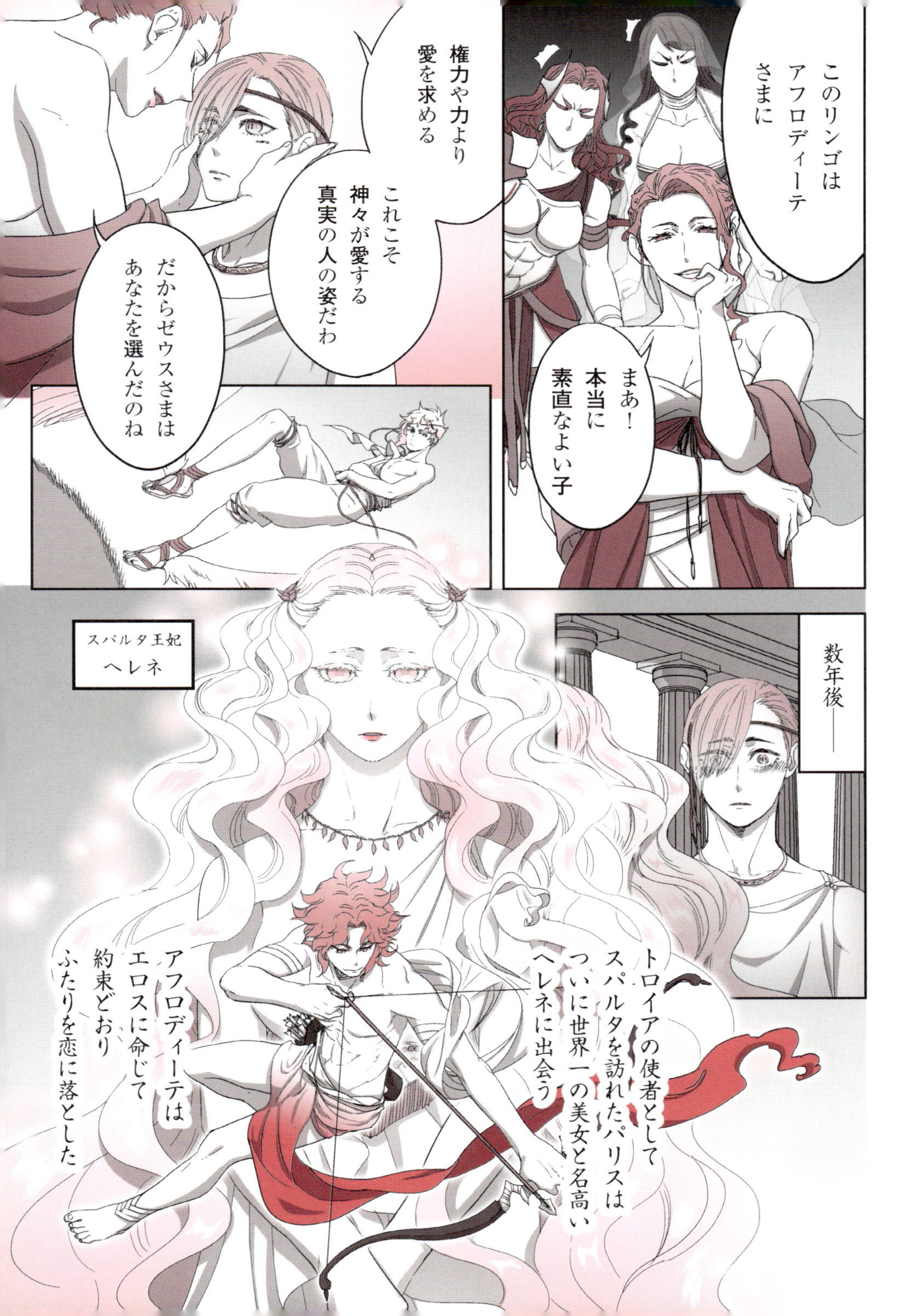
このリンゴはアフロディーテさまに
まあ！本当に素直なよい子
権力や力より愛を求める
これこそ神々が愛する真実の人の姿だわ
だからゼウスさまはあなたを選んだのね
数年後——
スパルタ王妃
ヘレネ
トロイアの使者としてスパルタを訪れたパリスはついに世界一の美女と名高いヘレネに出会う
アフロディーテはエロスに命じて約束どおりふたりを恋に落とした

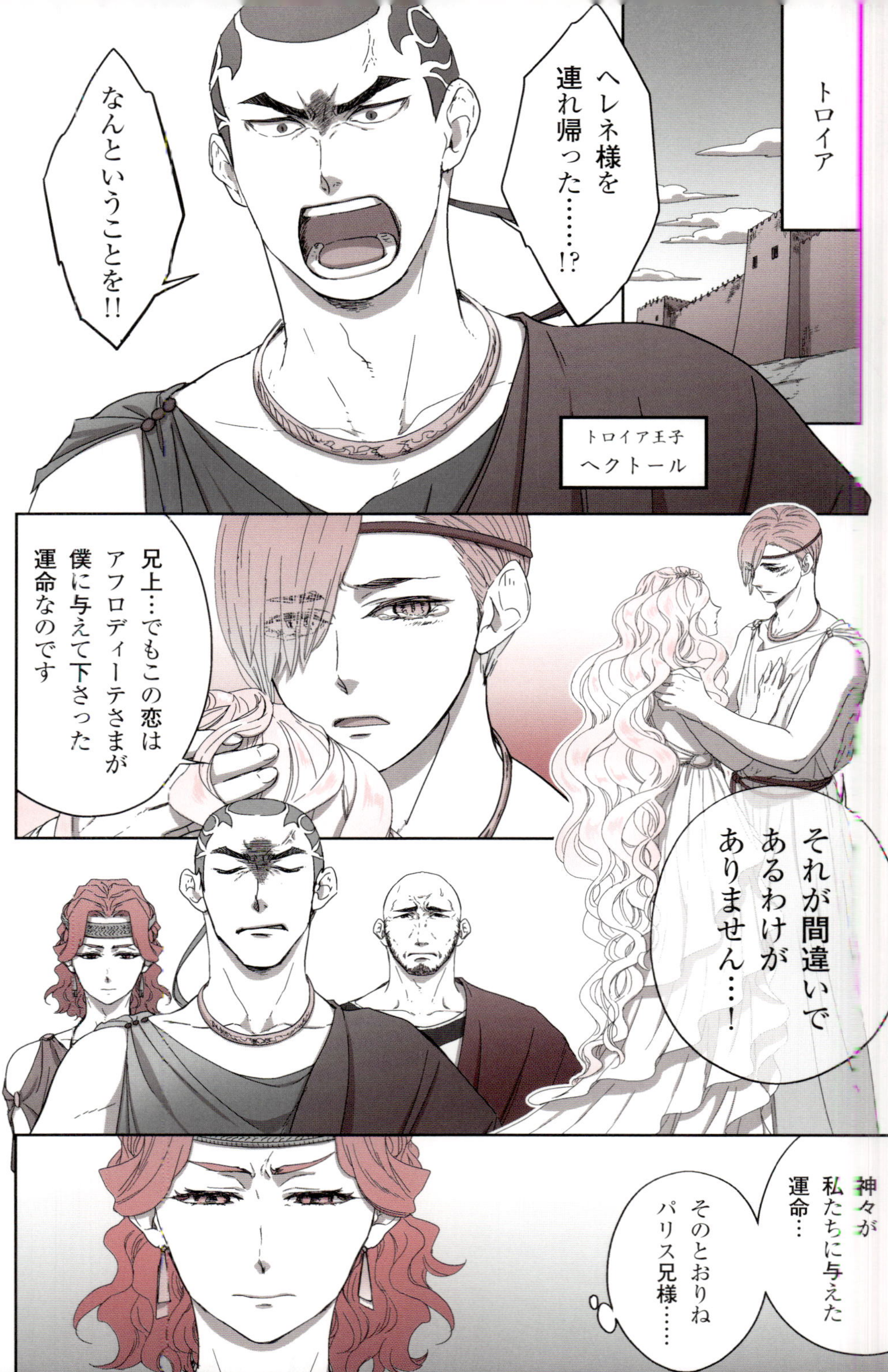
トロイア
ヘレネ様を連れ帰った……!?
なんということを!!
トロイア王子
ヘクトール
兄上…でもこの恋はアフロディーテさまが僕に与えて下さった運命なのです
それが間違いであるわけがありません…!
神々が私たちに与えた運命…
そのとおりねパリス兄様……

ミュケナイ王宮
なんとしてでも妻を取り戻します
ご助力いただけますか…兄上
スパルタ王 メネラオス
無論だ
わしだけではないぞ メネラオス あの時の誓いが活きるときよ
ミュケナイ王 アガメムノーン
かつてヘレネのもとにはおびただしい数の求婚者が集まった
前スパルタ王はヘレネの夫が決まったあと彼らが諍《いさか》いを起こすことを懸念していた
ならば前もってヘレネが誰を選ぼうともその夫をここにいる皆で助けるという誓いを立てさせればよい
——確かにわたしの言ったことですがね!!

あれは
ひとりの女性が発端で
戦が起こらぬようにと
考えてのこと
なのにそれを
戦に利用するなど
本末転倒でしょう!!
イタケ王
オデュッセウス
気が触れた
というのは
やはり嘘か
今はこのペネロペと
息子を
愛しておりますれば!
我らを謀った罪は
不問にしてやる
代わりに
立てた誓いは
守ってもらおう
あなた…
オデュッセウスの妻
ペネロペ
…ペネロペ
必ず
戻ってくる
その間息子を
頼むぞ
こうして
ギリシャ中の英雄が
兵を率いて
エーゲ海を渡り
トロイアへの
侵攻を開始した

増えすぎた人間を間引くため英雄たちを利用しようとは…
人は地上で権勢を誇り神々の姿を忘れようとしている
思い知ってもらわねば
驕《おご》る人間よ自らの愚かさを知るがいい――…
オリュンポスの神々もギリシャ側とトロイア側に分かれて争い
トロイア側
ギリシャ側
神々を巻き込んだこの大戦は十数年続いた

アキレウスとヘクトール
俺は国に帰るぞ パトロクロス!!
落ち着け アキレウス 君がいなくなったら ギリシャ軍は…
アキレウスの幼馴染 パトロクロス
アガメムノーンの横暴には もう耐えられん!
ペレウスとテテュスの子 アキレウス
そもそも俺は ヘレネに求婚も していない! 乞われて参陣して やったのだ!!
アキレウスは ケンタウロスの賢者 ケイローンに育てられ 無敵の肉体を持つ 稀代の英雄であった
こちらは命を かけているのだ 功に報いぬ者のために 戦えるか!

アキレウスはすっかり頑なになってしまったな 陣に籠もって姿も見せぬ
アルゴス王 ディオメデス
アガメムノーンが慰み者にしていた捕虜の娘を返す代わりにアキレウスの女を取り上げたそうだ！
まったく大人げないことを
どっちがだ？
アガメムノーンに決まっている！
遠く海を渡ってきた我らはこの異国の地でいかに陣を整え維持するかに勝敗がかかっている
周辺の街をあっという間に落とし拠点を築けたのはアキレウスあってのことなのにアガメムノーンはアキレウスを若輩《じゃくはい》とあなどっている
アガメムノーンは偉大な王だが傲慢で強欲だ
此度の戦でも神をあなどってたびたび厄災を呼び込んでいる
…困ったものだ
ピュロス王 ネストル

兄上――…
アキレウスなくしては勝利はないと予言にも出ておりますれば
やかましい！何が予言だ
あんな若造の力などなくても勝ってみせるわ
アキレウスに遅れをとったかもしれんが！
ここからは俺たちの出番よ！
おう！
奴がいないとなればこちらの士気は落ち敵の士気は上がる
アキレウスの武勇はギリシャ軍中どころか敵にまで知れわたっているだろう
…ただでさえギリシャ兵は長い戦に帰郷心が強くなっているのだ
このまま全面対決になるのは避けねばならん

メネラオス!!
いたずらに戦を長引かせるのはどちらにとっても望まざることだろう!
されば戦の発端となった当人同士で片をつけようぞ
弟パリスはすでに腹を決めている!
奴とは気が合いそうだ
…よかろう
いざ!
兄上…
どうしてもヘレネを手放したくないというなら自ら勝ち取ってみせろ

わああっ
ひっ……！
はっ
軟弱者め
こんなものか

死――……
ブワッ
!?
ドッ
なんだ この靄は――……ッ
トロイア側から 矢が！
メネラオス様！
トロイアの 卑怯者ども!!!
よくも騙し おって 恥を知れ!!
――……!!?
誰だ矢を 射かけたのは！

ザワ…
アフロディーテめ 決闘に水を差すとは 無粋な
フン …どちらにしろ 女神を愚弄した罪を パリスひとりの命で 贖《あがな》うことはできないわ
突撃だ!
姑息な トロイア兵に 容赦は無用!!
仕方ない…
迎え撃て!!

オオオオオオ

知将ヘクトール率いる
トロイア軍は
敢然たる戦いぶりを見せた
最大の英雄
アキレウスを欠いたギリシャ軍は
劣勢を強いられ ついには
拠点となる陣営の側まで
攻め込まれることになった
…トロイア軍は ますます勢いづいて います
そしてアキレウスは いまだ陣に 籠《こ》もったまま…
アガメムノーン様
いい加減 ご自身の名誉より 大局をみて いただきたい
我々には アキレウスが 必要なのです
アキレウス
頼む出陣してくれ このままでは兵を 失うばかりだ
…パトロクロス
お前は 俺に下された予言を 知っているだろう

『この戦で名をあげ そして命を落とす』
誤解するな命を惜しんではいない
だがそれも大義ある戦いならの話だ
トロイアの王子は他人の妻を横取りした狼藉者だが自身の欲を優先するアガメムノーンと何が違う
……わかった
ならばせめて君の威光だけでも僕に貸してほしい
ワーッ!!
よし陣の塀が切れた
船に火をかけろ!
ひッ!とうとうここまで…
馬鹿者退くな!逃げ場などないぞ!!

恐れるな！世に比類なき英雄が共にあり!!
何!?
我が槍の錆になりたい者は前に出よ!!
ペレウスとテティスの子アキレウス！
アキレウス…！
アキレウスだ!!
お！やっと来たか
いや…あれは———…
なんだ!?
陣が乱れて———…
ワー…

アキレウス隊に続けーーー！
よくぞ出てきたなアキレウス！
このヘクトールが相手となろう!!
ヘクトール……!?
しまった…奴と対峙するつもりは……
…いや！
ここで退けば鎧を貸してくれた友の栄光に泥を塗ることになる

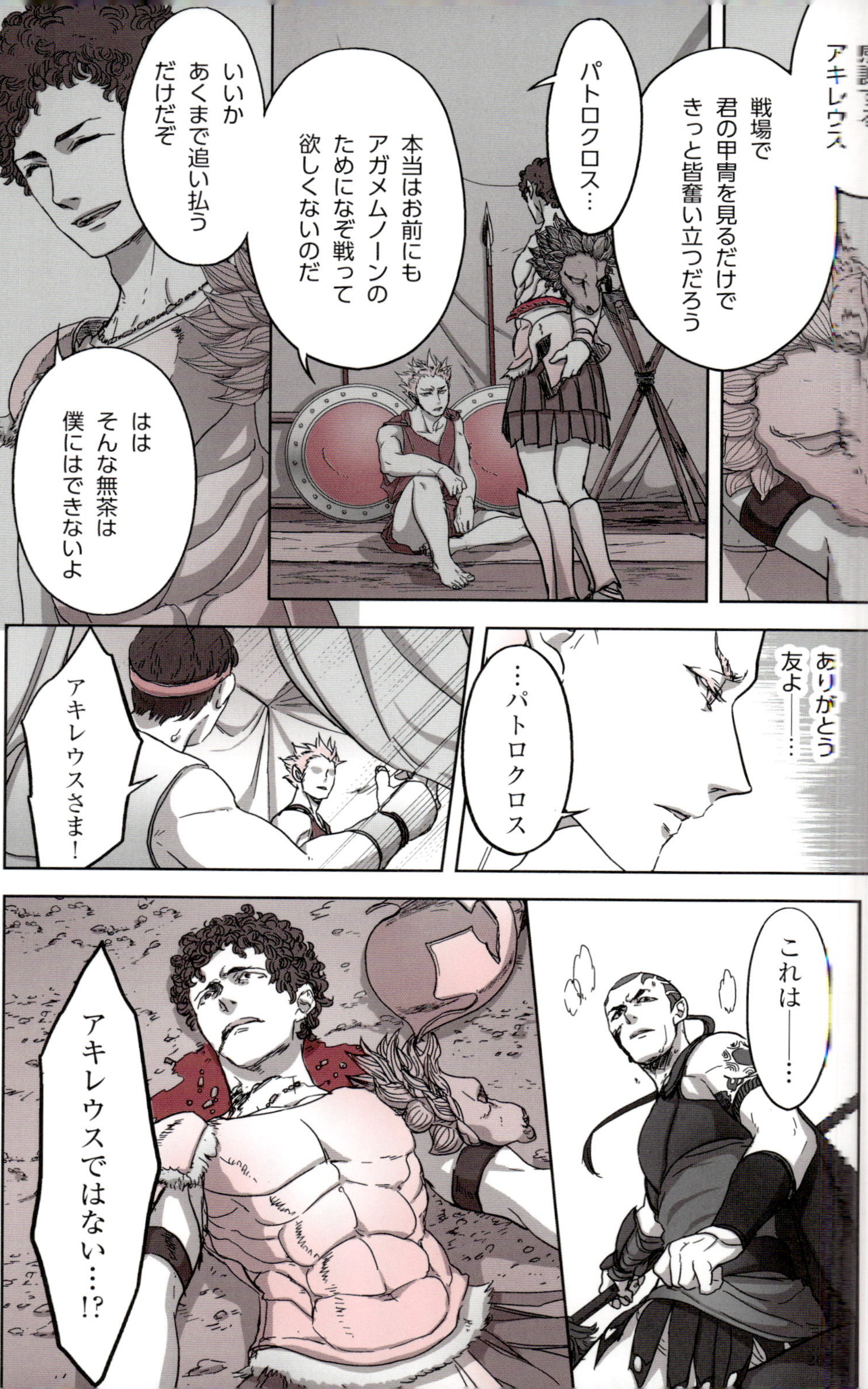
感謝する
アキレウス
戦場で
君の甲冑を見るだけで
きっと皆奮い立つだろう
パトロクロス…
本当はお前にも
アガメムノーンの
ためになぞ戦って
欲しくないのだ
いいか
あくまで追い払う
だけだぞ
はは
そんな無茶は
僕にはできないよ
ありがとう
友よ――…
…パトロクロス
アキレウスさま！
これは――…
アキレウスではない…!?

クッ…
偽物などに攪乱《かくらん》されるとは…
一度退け！立て直す！
パトロクロスだったのか…
意地を張らず退けばよかったものを
友の栄誉のためだろう
しかしあの誠実な若者のおかげで風向きが変わるかもしれんぞ
うわああ！逃げろ！
何事――…
出て来い！俺と戦え!!
ヘクトール!!!
本物のアキレウスか！

友の仇だ！
貴様を倒して
俺は英雄となろう!!
!!
望むところだ！
ぐッ……!

ドサ…
ああ兄上…！
アキレウス…！
これ以上
兄の体を汚す
ことは許さない
アポロンさま
この至らぬ弟に
お力をお貸し
ください…！

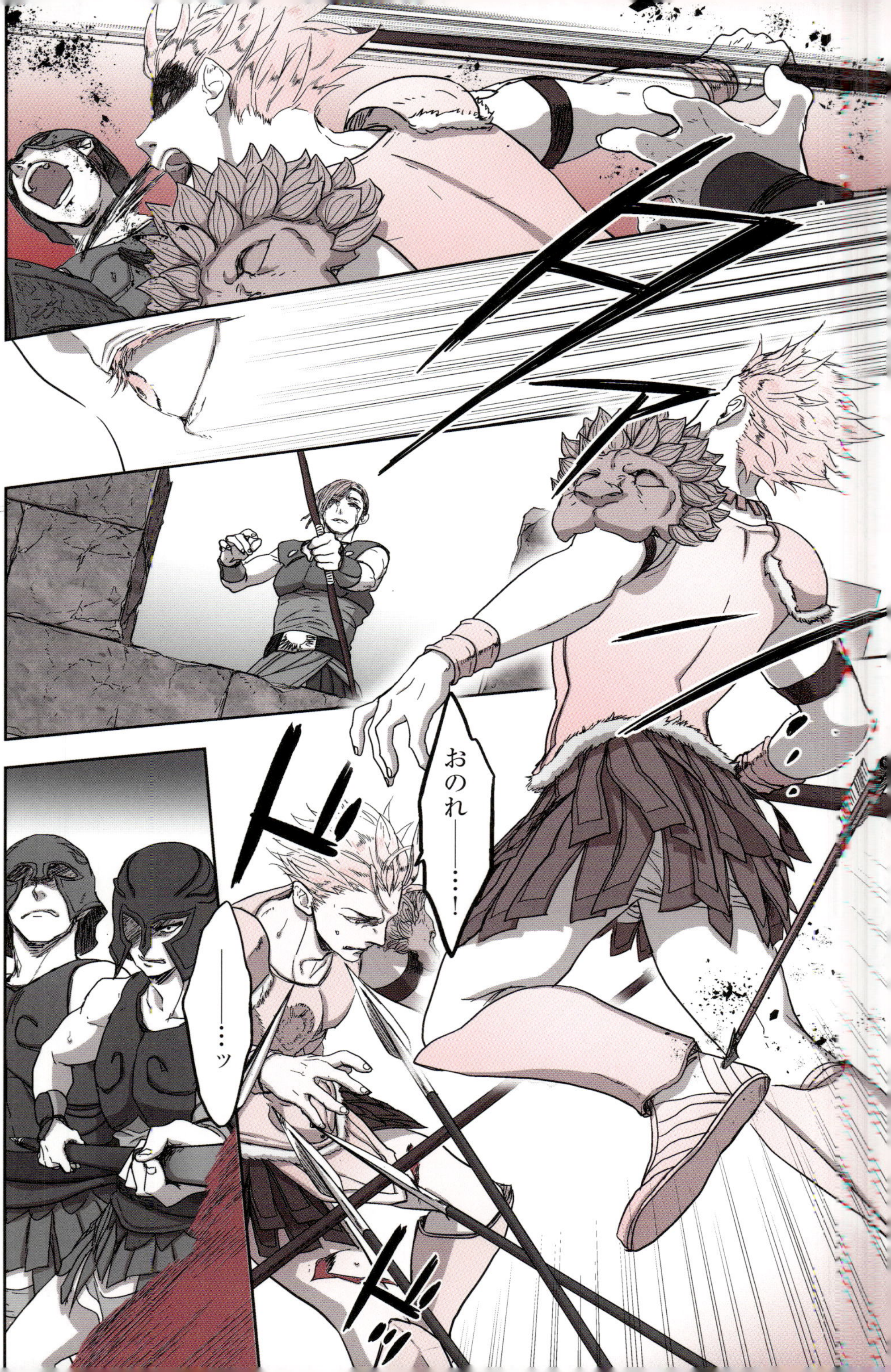
おのれ――……！
――……ッ

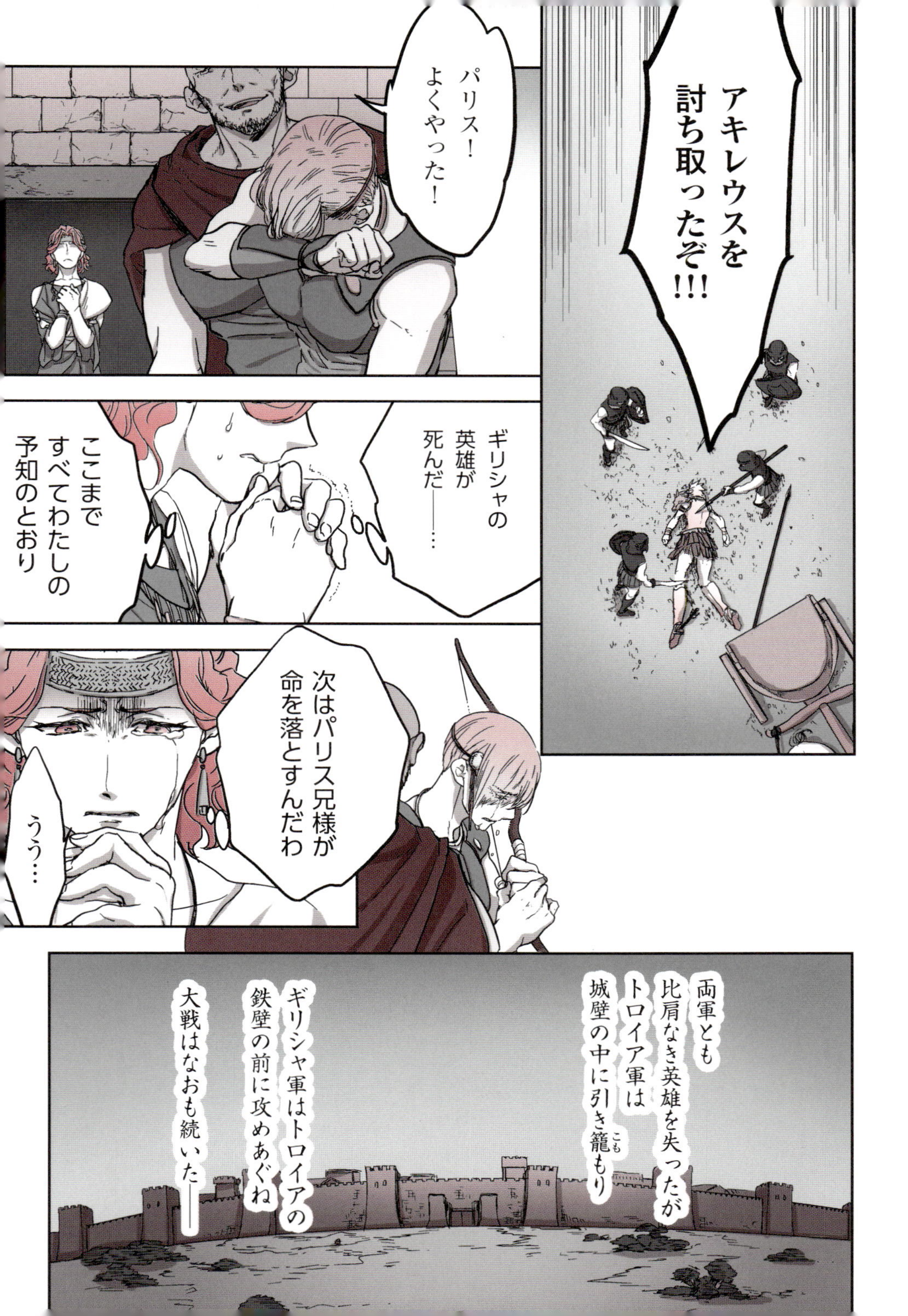
アキレウスを討ち取ったぞ!!!
パリス！よくやった！
ギリシャの英雄が死んだ――…
ここまですべてわたしの予知のとおり
次はパリス兄様が命を落とすんだわ
うう…
両軍とも比肩なき英雄を失ったが
トロイア軍は城壁の中に引き籠《こも》もり
ギリシャ軍はトロイアの鉄壁の前に攻めあぐね
大戦はなおも続いた――

予言の力を持つ
カサンドラの予知どおり
パリスはギリシャ軍の
矢を受けて死んだ
かつてアポロンに
予知の力を与えられたが
呪いのため誰にもその言葉を
届けられないカサンドラ
彼女だけが
トロイアの未来を
正しく予見していたのである
ダダダッ
プリアモス様！
ギリシャ軍が…
ギリシャ軍が
退いていきます――…！
あるとき
籠城するトロイア軍を前に
ギリシャ軍が一斉に撤退しはじめた

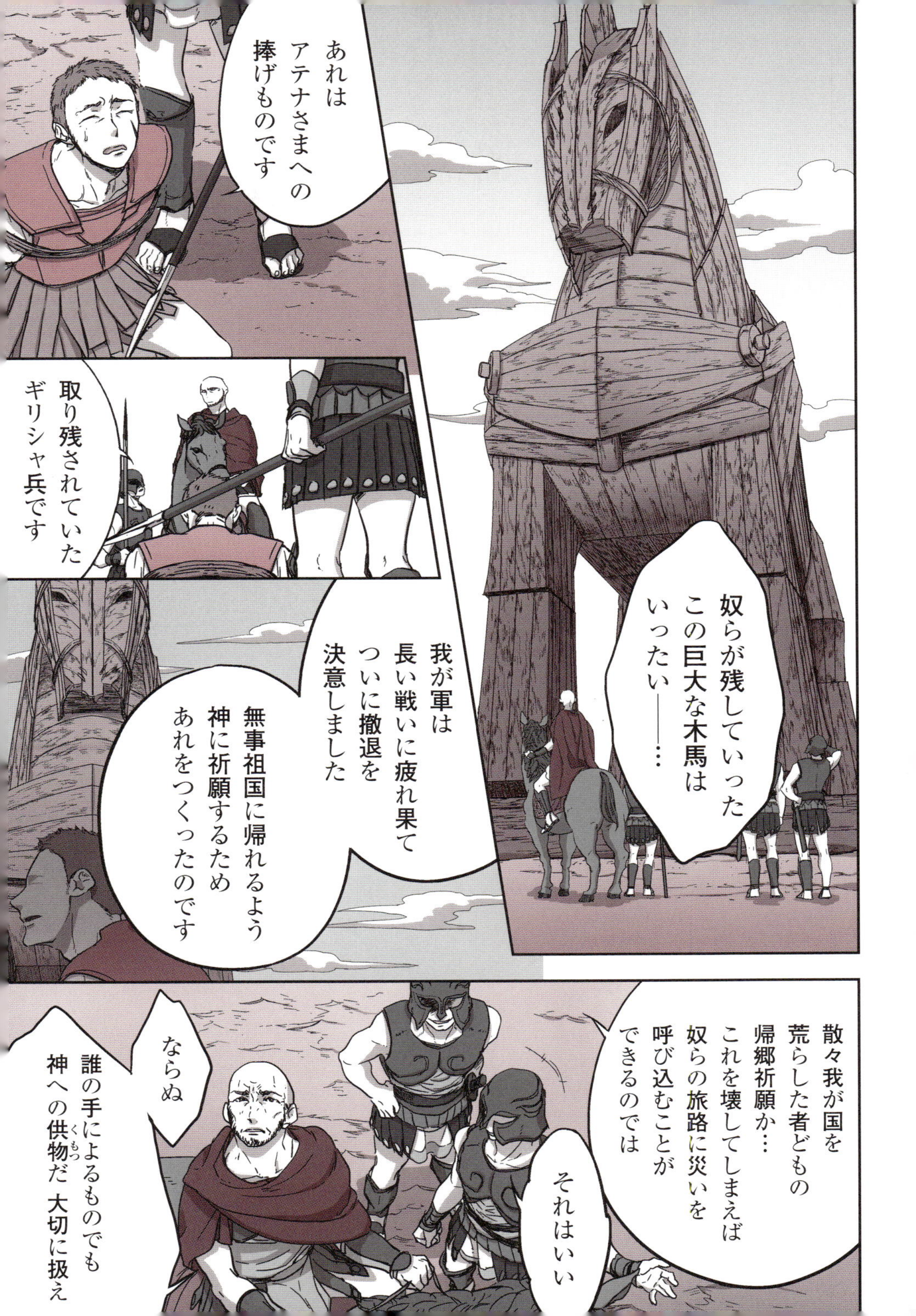

奴らが残していった この巨大な木馬は いったい――…
あれは アテナさまへの 捧げものです
取り残されていた ギリシャ兵です
我が軍は 長い戦いに疲れ果て ついに撤退を 決意しました
無事祖国に帰れるよう 神に祈願するため あれをつくったのです
散々我が国を 荒らした者どもの 帰郷祈願か… これを壊してしまえば 奴らの旅路に災いを 呼び込むことが できるのでは
それはいい
ならぬ
誰の手によるものでも 神への供物《くもつ》だ 大切に扱え

さすれば
我らに神の加護が得られよう
城内に運び込め
恐れながらプリアモス様…
神官
ラオコーン
アポロンさまにお仕えする身として申し上げますこれは神々への貢物などではありません
お主は神官の…
…!?
それはすぐに焼き払うべきも——
なッ…

あれはポセイドンさまが遣わした怪物か――・・・？
供物《くもつ》を焼けなどと言うから神罰が下ったに違いない!!
これでわかったであろうこの木馬を神殿まで運べ！
なんだあれは？
ギリシャ軍が置いていった神への供物だそうだ
これを供物に無事に帰れることを祈願したそうだが我々が丁重にお祀《まつ》りすればギリシャ軍に鉄槌を下していただけるかもしれんぞ
ははは
勝った！
我々の勝利だ
存分に祝おう酒を飲め！
神に感謝を！

離して！離しなさい！何も知らないくせに!!
？
何の騒ぎだ
カサンドラ様だ
これを焼くの！焼かなくては――……!!
おかわいそうに
戦がはじまったころからあの方は心を病んでしまったんだよ
お願い聞いて！
その木馬はトロイアを滅ぼすわ!!
その中には――……

木馬の中で機を伺っていた
ギリシャ兵によって
トロイアの堅固な城砦は
内側から開かれた
沖に潜んでいた
船団を戻して兵を呼び込み
勝利に酔って油断していた
トロイアの街と民を蹂躙《じゅうりん》した
こうしてカサンドラの
想いもむなしく栄華を誇った
トロイア王国は滅亡したのだった――

オデュッセウスの帰還
鉄壁のトロイアを攻め滅ぼしたギリシャ軍は各々の船に戦利品や捕虜を積み込み意気揚々と出航した
しかし故国に辿り着くまでに大嵐に見舞われ散り散りになってしまった
ある者は命を落としある者は行方知れず故郷に辿り着けた者はわずか一握りであった
増えすぎた人間を間引くための最高神ゼウスの容赦ない采配であった
ギリシャ軍随一の策略家オデュッセウスも神の災厄を逃れることはできず漂着した島で捕らわれの身となっていた
私の名は誰でもない《ウーティス》と申します

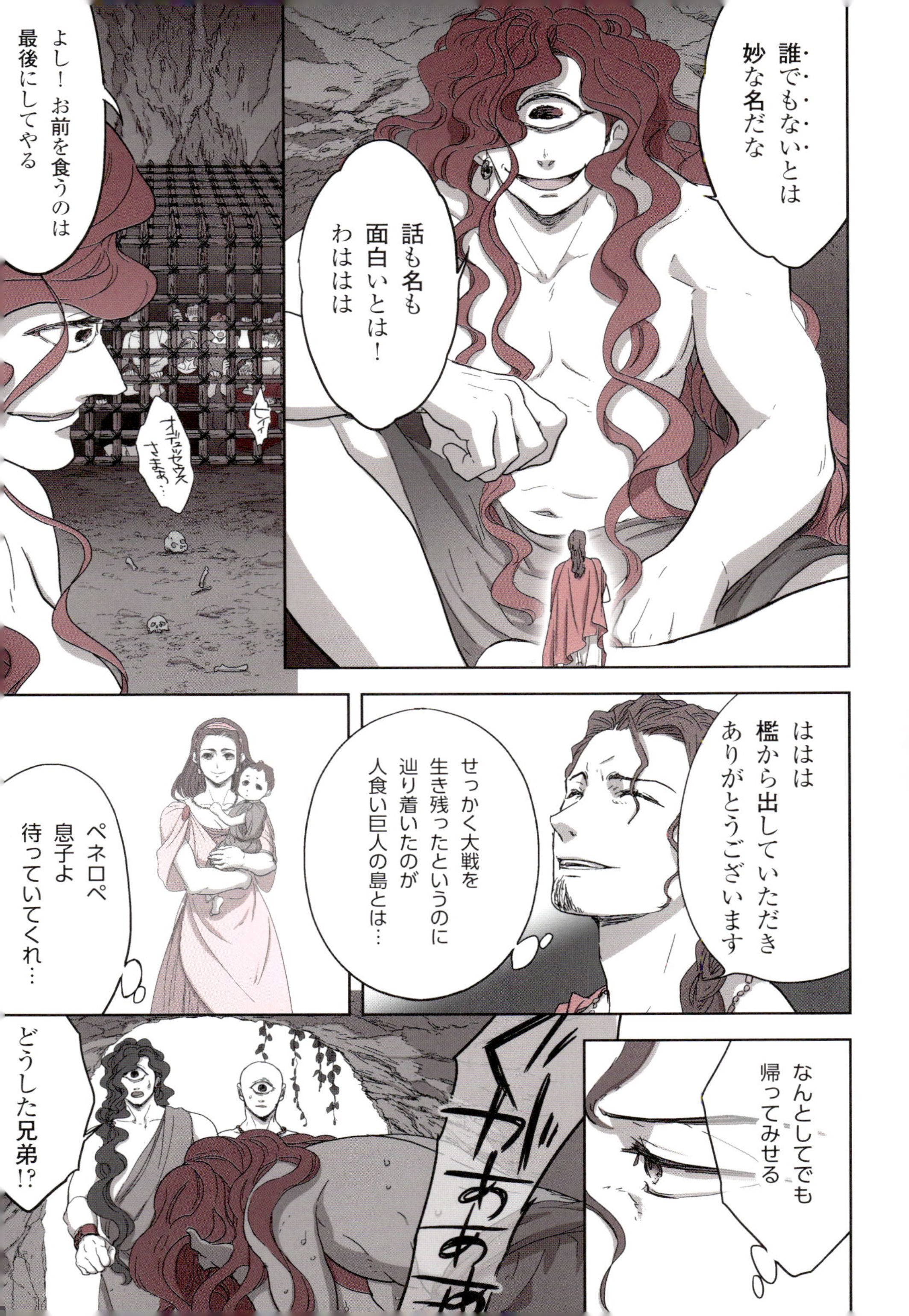

誰・・・でもないとは
妙な名だな
話も名も
面白いとは！
わははは
よし！ お前を食うのは
最後にしてやる
ヒィィ
オデュッセウスさまぁ…
ははは
檻から出していただき
ありがとうございます
せっかく大戦を
生き残ったというのに
辿り着いたのが
人食い巨人の島とは…
ペネロペ
息子よ
待っていてくれ…
なんとしてでも
帰ってみせる
ぐがああ
どうした兄弟!?

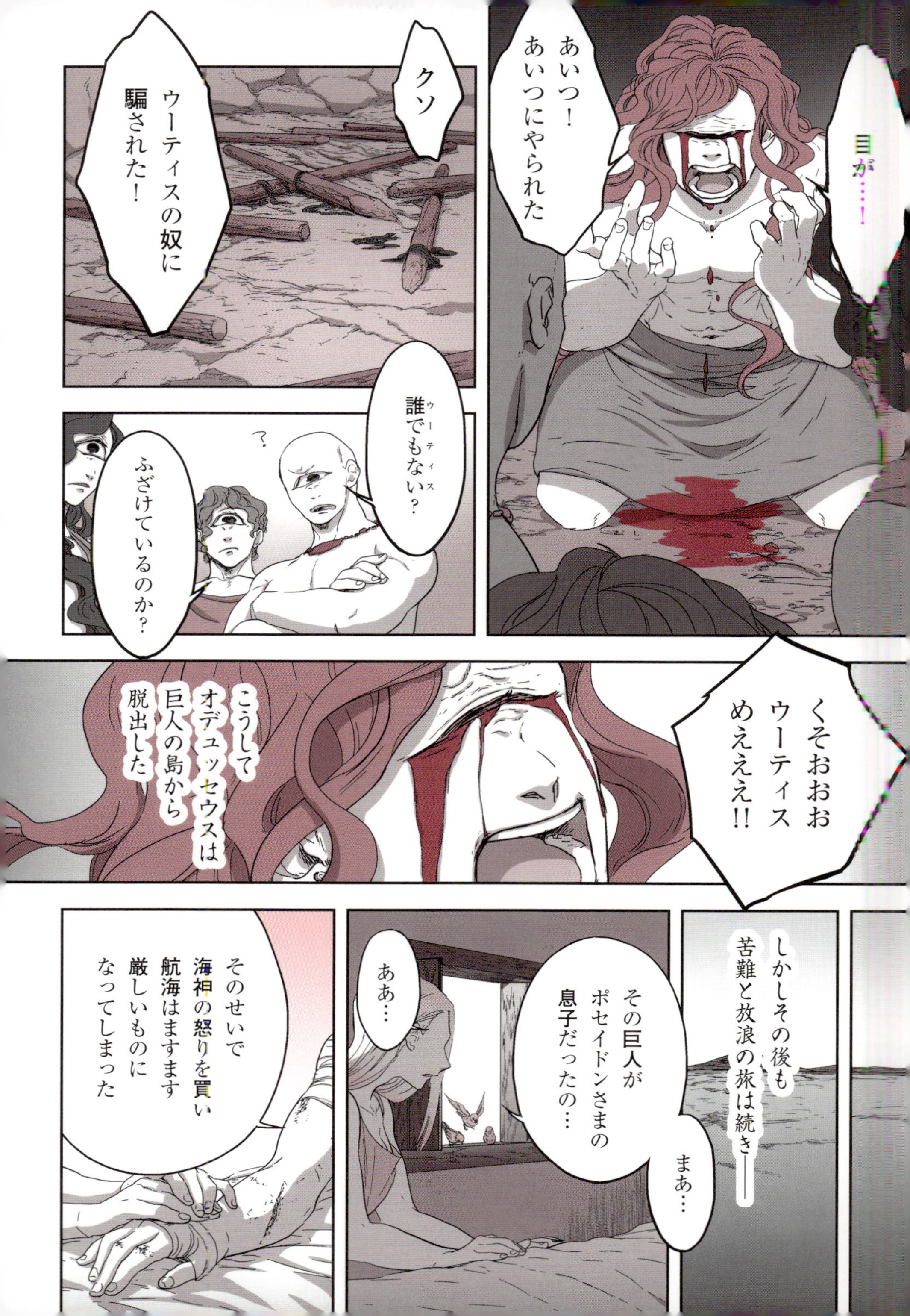
目が…！
あいつ！あいつにやられた
クソ
ウーティスの奴に騙された！
誰でもない《ウーティス》？
？
ふざけているのか？
くそおおおウーティスめえええ!!
こうしてオデュッセウスは巨人の島から脱出した
しかしその後も苦難と放浪の旅は続き――
まあ…
その巨人がポセイドンさまの息子だったの…
ああ…
そのせいで海神の怒りを買い航海はますます厳しいものになってしまった

それでも力を貸してくれる神もいた――…
英雄好きの風の神アイオロス
荒々しい風を袋に詰めてくれたが部下が袋を開けて強風にあおられ幾日もさまよった
アイアイエ島のキルケ
島に立ち寄った旅人を動物に変えてしまう恐ろしい魔女
ヘルメスさまのお力を借りて呪いをしのいでみせたら気に入られ――…
……
いや…ええと…
…キルケの助言を得て冥界を訪れ予言者テイレシアスより試練を乗り越える術を授かった
まず美しい歌声で船乗りを惑わすセイレーン

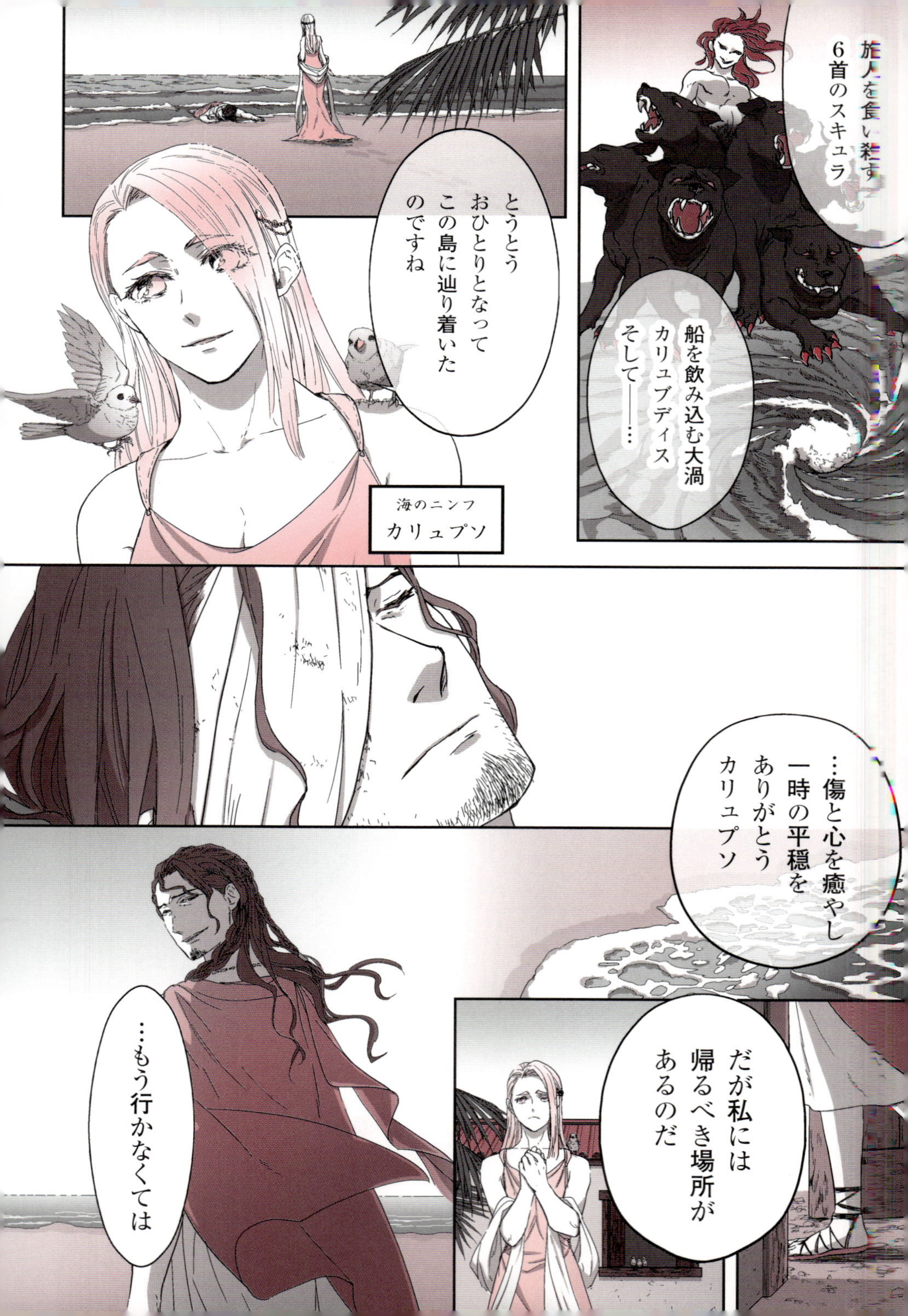
旅人を食い殺す
6首のスキュラ
船を飲み込む大渦
カリュブディス
そして——…
とうとう
おひとりとなって
この島に辿り着いた
のですね
海のニンフ
カリュプソ
…傷と心を癒やし
一時の平穏を
ありがとう
カリュプソ
だが私には
帰るべき場所が
あるのだ
…もう行かなくては

イタケ
オデュッセウスの故国では 彼の不在にかこつけ 王の座を狙う男が次々と 押し掛けていた
王妃様と王子様は オデュッセウス様の ご帰還を信じて この国を支えておられるが いつまで持つか…
ペネロペが 国を支えて… 息子も 大きくなったのだな…
は？
あ！ もしやアンタも そのクチじゃ…
叩き出せば よかった！
ぐッ…
ぬ…
ぬぅ…！
ギギ…
くそ 弦を引くことも できん！
なあ王妃様よ こんな強弓で 12の斧の頭の穴を 射抜くなんて 人間にはとても できねえよ

夫はできましたわ
こんなこともできないお方とは結婚できません
ちっ 強情な女だ
おい もういい加減 死んだ夫のことは忘れて国のことを考えろよ
ああ!? なんだこの汚らしい奴は

……
お見事です
そのお力大変な勇者様とお見受けいたしますがずいぶんくたびれているご様子
まずは我が邸でお休みください
…夫の寝台をここへ持ってきなさい
はっは！地面に生えたオリーブの木でできた寝台を持って来ることができたなら私以上の知恵者だな
!!
——やっぱり……！
苦労をかけたなペネロペ——……
神々の諍《いさか》いからはじまり多くの人々を巻き込んだ大戦——トロイア戦争
ある者は戦死しある者は非業の死を遂げた中困難を乗り越えた者には光ある未来が待っていたのである——

ギリシャ神話 こぼれ話30 Ⅳ

第四章では、神々を二分したトロイア戦争の顛末《てんまつ》を追ってきた。長い戦争の中で起きた出来事や、登場人物の背景となるエピソードを紹介しよう。

その23 ふたつの卵から生まれた4人の子どもたち

スパルタ王妃レダは、白鳥に姿を変えたゼウス、そして人間の夫の両者と交わり、ふたつの卵を授かった。ひとつの卵からは神の血を引く子どもたち——やがてトロイア戦争の引き金となる美しいヘレネと英雄ポリュデウケスが生まれ、もうひとつの卵からは夫との子で人間のカストルとクリュタイムネストラが生まれた。

「ふたご座」のモデルとなったのは、このカストルとポリュデウケスだ。ふたりは仲のいい兄弟だったが、あるときカストルが命を落としてしまう。神の血を引く不死のポリュデウケスは、カストルと永遠に離ればなれになることを悲しんだ。ゼウスはふたりを哀れに思い、ふたご座にしたという。

フランチェスコ・メルツィ『レダと白鳥』（レオナルド・ダ・ヴィンチの絵画を模したもの、ウフィツィ美術館蔵）

その24 「アキレス腱」の語源は無敵の英雄の唯一の弱点

プティア王ペレウスと海の女神テティスの子として生まれたアキレウス。テティスは息子を不死にするため、冥界の川ステュクスにアキレウスを浸《ひた》した。この川に触れた部分はどんな傷もつけられなくなるのだ。ところが、テティスはアキレウスの踵《かかと》を持って川につけたため、踵だけ川の加護を受けられなかった。

その後、アキレウスはギリシャ最強の戦士となり、トロイア戦争に参戦。一騎当千の活躍をするものの、唯一の弱点である踵をパリスに射貫かれ死んでしまう。この物語から足首の腱をアキレス腱と呼び、「強者の唯一の弱点」を指す言葉となった。

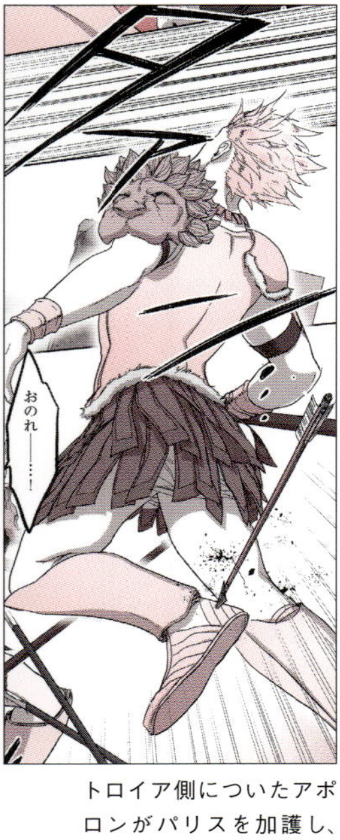

トロイア側についたアポロンがパリスを加護し、アキレウスを絶命させた。

その25
ホメロスの『イリアス』と『オデュッセイア』

ギリシャ最古の文学作品として名高い『イリアス』と『オデュッセイア』。いずれも伝説的な吟遊詩人ホメロスが作者だといわれている。『イリアス』は、十数年続いたといわれているトロイア戦争終結までの約50日を描いたもので、アキレウスとアガメムノーンの対立からはじまり、ヘクトールの葬儀で物語は終わる。『オデュッセイア』はトロイア戦争後の物語だ。トロイアの木馬を考案したオデュッセウスが、故郷へ帰国するまでの10年間を描いている。

トロイア戦争はホメロスを筆頭に多くの詩人たちによって作品の題材にされ、さまざまな視点から描かれてきた。

ジョン・オギルビーが英訳した『イリアス』(1660年版)の巻頭を飾る口絵。

その26
多くの英雄を育てたケンタウロスの賢者

半人半馬のケンタウロスは、野蛮で乱暴な種族だといわれる。しかし、その中でもケイローンだけは医術や弓術、音楽などの芸術に秀で、予言の力も持つ賢者だった。ケイローンはその豊富な知識で多くの英雄の師となる。アキレウス、ヘラクレス、イアソン、アスクレピオス、カストルなどが彼の弟子だ。

ところがある日、ケイローンは弟子であるヘラクレスの放った毒の弓矢に当たってしまった。不死の体をもつケイローンは毒に苦しみ続けたため、ゼウスは彼を空に上げ、痛みから救い、これが「いて座」となったという。

ジャン＝バプティスト・ルニョー『アキレウスを教えるケイローン』(ルーブル美術館)

その27
神話や聖書に登場するキーアイテム、リンゴ

トロイア戦争のきっかけともいえる「パリスの審判」で印象的な黄金のリンゴ。リンゴは、さまざまな神話や逸話にキーアイテムとして登場する。ギリシャ神話の中では、ヘラクレスの12の試練にヘスペリデスが守る黄金のリンゴを手に入れるものがあり、北欧神話では、イズンという女神が守る不老不死の源だ。

リンゴにまつわる最も有名なエピソードは、『旧約聖書』の失楽園だろう。聖書には明確に書かれていないが、アダムとイブが口にしてしまった知恵の実は、リンゴとして描かれることが多い。人類は古来から、リンゴに不思議な魅力を感じていたようだ。

エドワード・バーン＝ジョーンズ『ヘスペリデスの園』（ハンブルク美術館蔵）

その28
妻とその愛人に殺された将軍アガメムノーン

トロイア戦争でギリシャ軍の総大将を務めたアガメムノーン。戦いは勝利で終わったものの、アガメムノーンは帰国後に妻クリュタイムネストラによって惨殺される。

原因は、娘イピゲネイアを騙し、女神アルテミスの生贄《いけにえ》に捧げたことを知ったクリュタイムネストラが激怒したことだった。ヘレネの異父姉妹である彼女は、もともとの夫と子をアガメムノーンに殺されてもいる。

彼女はアガメムノーンを父の敵と狙うアイギストスと密通し、戦争から凱旋したアガメムノーンを宴でもてなしたあと、彼が旅の疲れをとるために入浴をしていたところを襲った。戦利品として連れ帰られたトロイア王女カサンドラも、このときともに命を落としたという。

ピエール＝ナルシス・ゲラン『眠っているアガメムノーンを刺す前に躊躇するクリュタイムネストラ』（ルーブル美術館蔵）

その29 トロイアを救えなかった神官ラオコーンの悲劇

ローマのヴァチカン美術館に所蔵されている至宝ラオコーン像。ミケランジェロをはじめ、ルネサンス期の芸術家に大きな影響を与えたこの作品は、トロイアの神官ラオコーンの悲劇を描いている。

ラオコーンは、ギリシャ軍から贈られたトロイアの木馬を不審に思い、城内に入れようとする人々を止めようとした。ところが、ギリシャ軍に味方をしていた海神ポセイドンがラオコーンを盲目にしたうえ2匹の大蛇をけしかけ、彼のふたりの息子は大蛇に食べられてしまう。

木馬は女神アテナへの捧げものという名目だったため、民衆は神の怒りに触れたと思い、木馬を運び入れてしまったのだ。

アゲサンドロス、アテノドロス、ポリュドロス『ラオコーン像』(ヴァチカン美術館蔵)

その30 ローマ建国の祖となった英雄アイネイアス

トロイア軍で活躍した勇将にアイネイアスがいる。彼は愛と美の女神アフロディーテと、トロイア王家のアンキセスとの間に生まれた子だった。アフロディーテはアイネイアスを深く愛し、トロイアが陥落した際は彼をトロイアから脱出させたという。

こうしてアイネイアスは、父と息子、生き残った人々を連れ、新天地を求めて航海に出た。

その後、アイネイアス一行は地中海周辺を放浪し、やがてイタリア半島に新たな都市を築いた。彼の遠い子孫が初代ローマ王として知られるロムルスであり、のちのローマ帝国繁栄の基礎をつくりあげた。この神話が現在のイタリアへ繋がっているとされる。

ロムルスによるローマ建設の地とされるパラティーノの丘。

ギリシャ神話 遺跡案内 IV

トロイア遺跡

トロイア遺跡に復元された巨大な「トロイアの木馬」。

シュリーマンが発掘した伝説の都市トロイア

　吟遊詩人ホメロスが『イリアス』と『オデュッセイア』に描いたトロイア戦争。ここで語られたギリシャとトロイアの対立は、長い間、神話の中だけの物語と思われていた。しかし、戦いの舞台となる伝説の都市トロイアが、19世紀にドイツの考古学者ハインリヒ・シュリーマンによって発見された。

　シュリーマンは1870年に、トルコ共和国の西部チャナッカレでトロイアの遺跡の発掘を開始する。発掘現場からは黄金の杯や王冠、巨大な街の遺構が姿を現した。

　トロイア遺跡は9層から成り立っており、シュリーマンが発見したのはそのうちの2層目だった。発掘の際、シュリーマンが上層の遺跡を一部を誤って破壊してしまったため、トロイア戦争が行われた階層は現在でも確定されず、諸説分かれている。6層目か7層目がトロイア戦争時代と考えられており、この時代の遺跡には石垣などに焼け跡が見られる。トロイア遺跡は、伝説の都市を見るため、現在も世界中から多くの人々が訪れている。

関連キャラクター
ヘクトール

トロイア戦争が行われたとも考えられる第6層の遺跡。

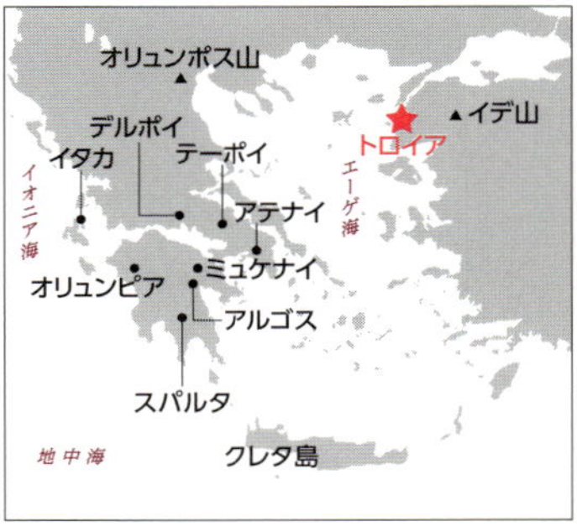

第五章 ギリシャ悲劇の世界

ギリシャ悲劇と劇作家たち

神話は演劇として上演され、多くのギリシャ人に親しまれるようになる。中でも、特に民衆に好まれたのは「ギリシャ悲劇」と呼ばれる作品たちだった。

劇場で演じられた数多くのギリシャ悲劇

ギリシャ演劇のはじまりは、紀元前6世紀頃と考えられている。演劇は芸術を司る神ディオニュソスとの関係性が深く、その起源は神に捧げる儀式にあったという。アテナイにあるギリシャ最古の劇場はデュオニュソスの名を冠しており、完成直後は1万5000人、改修後は1万7000人を収容できる巨大なエンターテイメント施設だった。こうした劇場が、ギリシャ各地にあったのだ。

ギリシャ演劇は日の出とともに上演がはじまり、午後に終わるのが一般的で、劇場内は飲食自由。貧しい人々には無料の席が設けられており、多くのギリシャ市民が物語に夢中になった。

劇作家たちは、さまざまな既存の神話に台詞や舞台演出のイメージを加えていき、よりドラマチックで長時間の鑑賞に堪えうるような名作を生み出していった。神話は劇として上演されることで、人々にとってより身近な存在となっていく。

紀元前534年以降、アテナイでは演目を悲劇と喜劇に区別するようになった。とくに人々が好んだのが、「ギリシャ悲劇」といわれる物語のかずかずだ。

ギリシャ悲劇を描いた3人の偉大な詩人

悲劇を描いた劇作家たちの中で、とくに有名なのが「ギリシャ3大悲劇詩人」と呼ばれている、アイスキュロス、ソポクレス、エウリピデスの3人だ。

アイスキュロスはギリシャ演劇文化が花開いたころに、人気作家として活躍していた。「悲劇の父」とも呼ばれ、トロイア戦争の総大将アガメムノーンの一族であるアトレウス王家の悲劇を描いた

ディオニュソス劇場の遺跡。当時、出演者は全員男性で、給与は国家が支払っていたという。また、物語を盛り上げるための歌や驚きの声などを担当しているコロスという一団がいた。

オイディプス王が、自分が父を殺し、母を妃にしていたという真実に気づき、絶望して目を潰してしまう場面。
Bénigne Gagneraux「The Blind Oedipus Commending his Children to the Gods.」（スウェーデン国立美術館蔵）

『オレステイア3部作』を書いた。

ふたり目のソポクレスは、アイスキュロスよりも登場人物の心情に寄り添った作風が特徴で、悲劇の王として知られるテーバイ王家の『オイディプス王』、アトレウス王家のオレステスの姉が主人公の『エレクトラ』などが有名だ。

ソポクレスと同時代に作家として活動していたのがエウリピデスだ。彼は作品の中に当時の社会問題などを盛り込み、作品として昇華させた。

悲劇の一族として特に有名なテーバイ王家、アトレウス王家の物語には、運命に翻弄される人々が数多く登場する。権力争いや痴情のもつれで身を持ち崩す人物もいれば、善意の行動が悲劇を招く理不尽なエピソードも多い。これを、作家たちはそれぞれの視点で描いた。

最後に、『オイディプス王』の物語をマンガでみていこう。

ギリシャ3大詩人

アイスキュロス 紀元前525～前456年	豊穣の神デメテルの祭儀が行われていたという聖地エレウシスの神職の家系に生まれた。ペルシャ戦争に従軍した経験がある。生涯で80～90編の作品を描き、そのうちの7編が現在に伝わっている。	**『オレステイア3部作』** **「アガメムノーン」** **「供養する女たち」** **「慈しみの女神たち」** **『縛られたプロメテウス』**
ソポクレス 紀元前496～前406年	オイディプスの育った場所として知られるコロノスの騎士階級の家の生まれ。生涯で123編の作品を発表したが、現在残っているのは7編。90歳という高齢まで生き、多くの人々がソポクレスの死を悼んだ。	**『オイディプス王』** **『コロノスのオイディプス』** **『アンティゴネ』** **『エレクトラ』**
エウリピデス 紀元前485～前406年	裕福な地主階級の子として生まれた。哲学的な思想を持ち、丁寧な女性の描写が特徴的。生前は、ギリシャ悲劇の本流からはずれていると評されていた。現在は19編の作品が伝わっている。	**『メディア』** **『エレクトラ』** **『トロイアの女』** **『バッコスの信女』** **『ヒッポリュトス』**

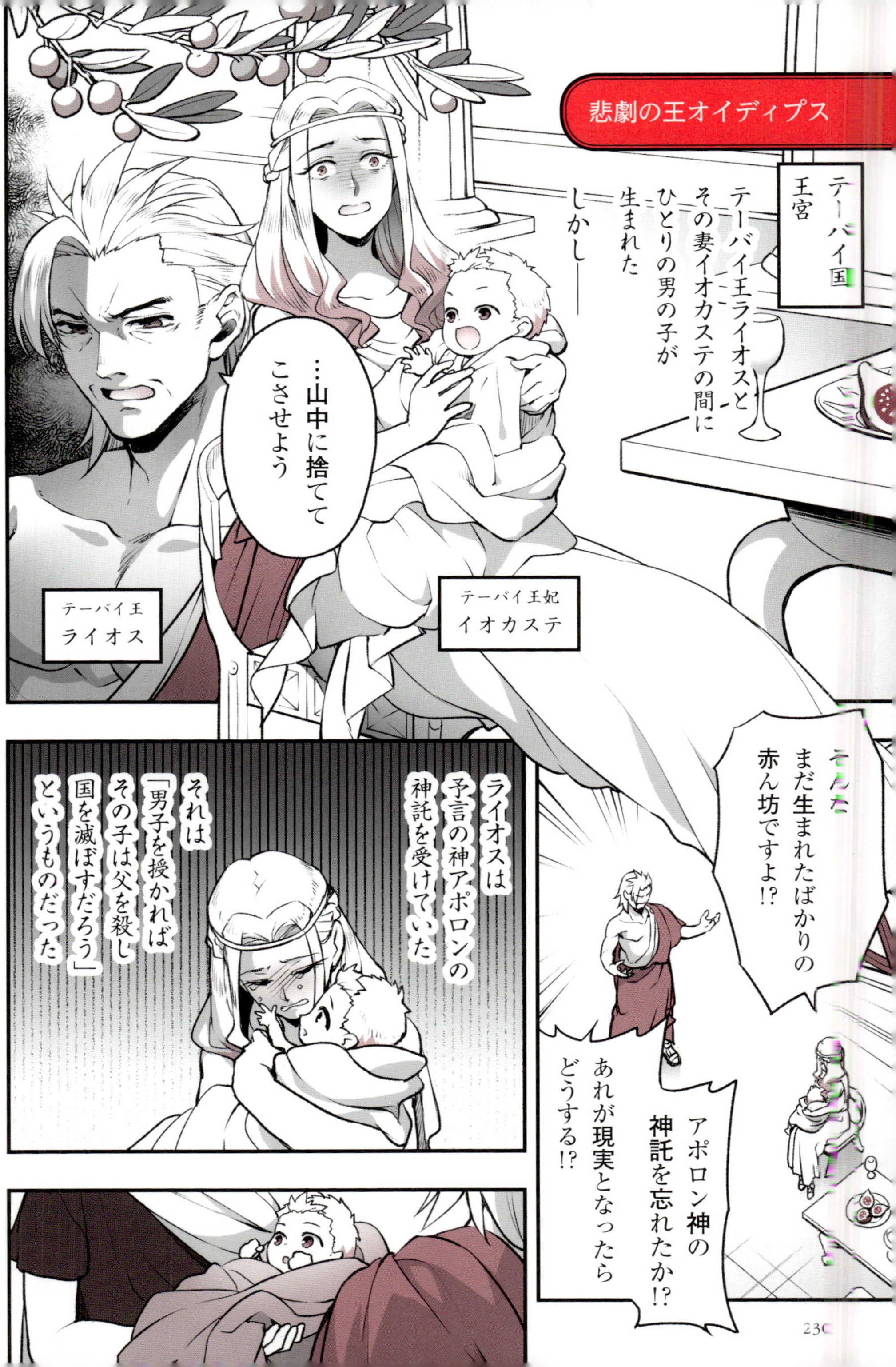
悲劇の王オイディプス
テーバイ国
王宮
テーバイ王ライオスとその妻イオカステの間にひとりの男の子が生まれた
しかし――
…山中に捨ててこさせよう
テーバイ王
ライオス
テーバイ王妃
イオカステ
そんな
まだ生まれたばかりの赤ん坊ですよ!?
アポロン神の神託を忘れたか!?
あれが現実となったらどうする!?
ライオスは予言の神アポロンの神託を受けていた
それは「男子を授かればその子は父を殺し国を滅ぼすだろう」というものだった

そこで幼いオイディプスは羊飼いの手に託された
念のため両足をピンで貫いておけ
万が一生き延びてもそうしておけば歩くことも叶うまい
はい…
おぎゃあっおぎゃあっ
っ…！
すまない…！
許してくれ…っ！
おぎゃあっおぎゃあっ
泣き声が…
!!!
王！
ポリュボス様!!
なんだ何事だ？
まぁ！
その赤ん坊は？
おぎゃあっおぎゃあっ
おぎゃあっおぎゃあっ
コリントス王
ポリュボス
コリントス王妃
メロペ

木の根元に置き去りにされていました…
そんな…かわいそうに
子のない私たちへの神様からの贈り物かもしれないふたりで育てよう！
ええ！では両足のピンを取ってあげましょう
そうだな…腫《は》れた足を意味するオイディプスと名づけよう
こうして赤ん坊オイディプスはコリントス王の下で育てられることになったのである
すくすくと育ったオイディプスは国民に愛される立派な青年に成長した
しかし…
知っているか？オイディプス様は国王夫婦の実の子どもではないって噂

幼い頃に山の中で拾われたとかそんな人が国王になるのはどうなのかねぇ？
言われてみればお顔立ちもあまり似ていらっしゃらないような…
…この噂は本当なのか？まさか父上母上に聞くわけにもいかないし…
こうなったらアポロン神に聞きに行くしかないか
ギリシャの人々は悩んだときや救いを求めるとき神の予言を聞いた
中でもデルポイのアポロン神殿は随一の信仰を集める地だった
神よ悩める私に神託をお授けください
汝は故郷に戻ってはならない…もし戻れば父を殺し母を妻とするであろう…
なんだって…!?
そんなこと…そんなことになったら…!!
…父上と母上の幸せを壊すなんてできない

私は…私は二度と故郷には戻らない…!!
こうしてオイディプスはコリントスを離れひとり放浪の旅に出たのである
そこの若者
道を譲らんか
そちらが道を譲ればよいでしょう
つべこべ言わずどけ
イラッ…
ビキッ

ドドッ
!!
貴様…!
ザッ
うぐっ!!
その傷…
もしや
お前は…!
ドッ
オイディプスは道で
すれ違った男を
殺してしまう
しかしこの男こそ
実《じつ》の父であるテバイ王
ライオスだったのだ
オイディプスは
知らず知らずのうちに
「実父を殺す」という予言を
実現させてしまったのである

そうとは知らず旅を続けたオイディプスは本当の故郷であるテーバイに辿り着いた
シン…
街の様子がおかしいがどうかしたのか?
今この街には恐ろしい怪物が出るんだ……
スピンクスといって通りがかる者に謎かけをしてくるんだが…答えられないとその者を喰っちまう
もう何人もやられてしまった…
スピンクスを倒した者には国王の座とお妃様を与えるとのおふれが出ているが
そんなの誰にもできっこねぇや…
国王のライオス様も何者かに殺されてしまったし…街は灯が消えたも同然だ…

そのスピンクスとやらはどこにいるんだ？
も…もしかして倒しに行くつもりか？
やめとけお前さんも喰われちまう！
このままいつまでも怯えて暮らすことはないだろう!?
私が倒してくる!!
そこを行く旅の人
私の謎かけに答えてもらおうか
さぁ！
朝は4本足
昼は2本足
夜になると3本足になるものは何か!?

――それは
人間だ
赤ん坊の4は四つん這い
成長すると2本足で
歩くようになり
老人になると
杖をつくから3本になる
つまり人間が答えだ!!
なッ…なんということだ…!
私の謎かけがいとも容易《たやす》く
解かれるだなんて…!!
…このような屈辱
耐えられぬ…!!
スピンクスは
身を投げて自害した
あああああ
オイディプスは見事
テーバイ王の座につき
妃イオカステを
妻に迎える
「実母を妻とする」
というふたつ目の予言も
気づかぬうちに
現実のものになって
しまったのである…

オイディプスはイオカステとの間に二男二女をもうけ幸せな日々を送っていたが
国には流行病《はやりやまい》が蔓延《まんえん》し出していた
苦しむ国民を救うため
オイディプスは再びアポロンの神託を頼る
前王ライオス殺害の犯人を国外に追放せよ
何としても犯人を見つけ出し捕まえるのだ！
ライオス様は殺される瞬間相手のかかとを見てその傷は…と申しておりました…
王
こちらの者が前王殺しの現場に立ち会っていたと申しております
そう…まさに王と同じような傷を見て…

オイディプス様が
殺しの犯人だと
言いたいのか!?
無礼者が…!
待て
その者の話
もう少し
くわしく…
ドサッ
イオカステ？
どうしたのだ？
ラ…ライオス王は…
予言を受けて
いたのです…
自分の子に殺される
という予言を…
だから私たちは
赤ん坊が生まれたとき
両足をピンで貫き
山中で捨てるよう
従者に命じたのです…
なん…
だって…？
でっでは…コリントスの
父上と母上は
実の両親ではなく…
イオカステこそが
私の実の母…
ライオス王が
実の父だったと…!?

父を殺し母を妻とする――私は知らぬ間に神託をすべて実現していたというのか…!!
あぁオイディプス! あのときの我が子!
なんということでしょう… 実の子どもと契りを交わし子を成してしまうなんて…!!
ライオス殿を… 実の父を殺したのは… 私…だったのか……
すべての真実が明らかになったあと イオカステは首をくって自害
オイディプスは自らの両目を潰し放浪の旅に出たのであった
この物語はギリシア悲劇の名作『オイディプス王』として今も語り継がれている

有名悲劇 I

テーバイ王家の悲劇

神託から逃れられなかった悲劇の王家

ゼウスによってさらわれたテュロスの王女エウロペ。その兄カドモスが建国したテーバイ王家は、さまざまな悲劇に見舞われる。中でも最も有名なのが、オイディプスの物語だろう。

テーバイ王ライオスは「息子に殺される」という神託を恐れ、生まれたばかりのオイディプスを山に捨てさせた。オイディプスは自身の出自を知らないまま、コリントス王の息子として成長する。ところがある日「父を殺し、母を妻とする」という不穏な神託が下る。オイディプスは愛する育ての両親から離れ旅に出るが、その道中、実の父ライオスをそうとは知らず口論の末に殺してしまうのだ。そして、その頃テーバイを騒がせていた怪物スピンクスを倒し、王不在となったテーバイの新たな国王として、神託の通り実の母を妃とした。ことの真相がわかると、王妃は自害、オイディプスは自ら目を潰して放浪の身となったのである。

オイディプスが去ったテーバイでは、王位争いが勃発し、一族は次々と悲劇的な死を迎えていく。そしてついにテーバイは滅亡してしまうのだ。

スピンクスはオイディプスに謎かけを行い、正解をいい当てられて敗北する。
ギュスターヴ・モロー『オイディプスとスピンクス』（メトロポリタン美術館蔵）

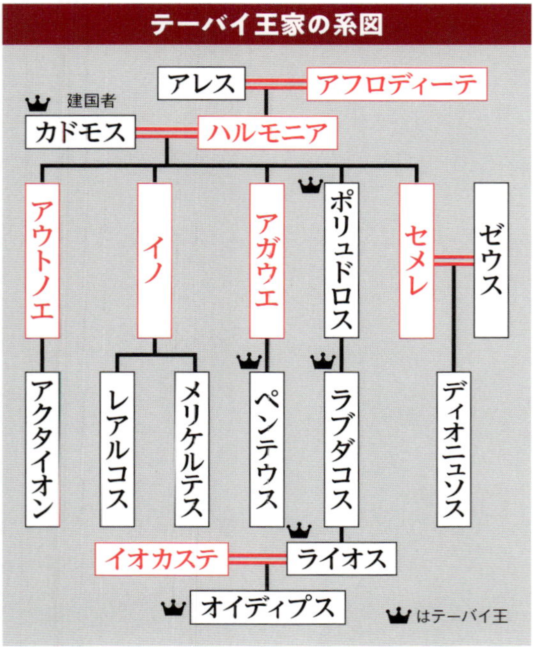
テーバイ王家の系図
アレス
アフロディーテ
建国者
カドモス
ハルモニア
アウトノエ
イノ
アガウエ
ポリュドロス
セメレ
ゼウス
アクタイオン
レアルコス
メリケルテス
ペンテウス
ラブダコス
ディオニュソス
イオカステ
ライオス
オイディプス
はテーバイ王

有名悲劇II

アトレウス王家の悲劇

先祖の暴挙によって呪いにかかった王家

テーバイ王家と並び、悲劇の王家として知られるのがアトレウス王家だ。王家の先祖は、ゼウスの子として生まれたタンタロス。驕《おご》ったタンタロスは神々を試すため、自らの子ペロプスを殺し、煮込み料理にして神々へ差し出すという暴挙に出る。タンタロスの犯した罪は呪いとなり、子孫たちにも降りかかっていく。

アトレウスとテュエステスは、ミュケナイの王位争いで対立し、終わりのない報復合戦がはじまる。王位についたアトレウスをテュエステスが追い落とし、今度はアトレウスの息子アガメムノーンが王位を簒奪《さんだつ》。そのアガメムノーンも、妃クリュタイムネストラと、テュエステスの息子アイギストスの謀略で惨殺された。

アガメムノーンの息子オレステスは、父の敵として実の母とアイギストスを殺害。しかし罪の重さに耐えられず、狂気にとらわれてしまう。女神アテナの加護のもと行われた裁判で、オレステスが無罪となり、ようやくアトレウス王家に続いていた悲劇は終わった。

復讐の女神エリニュスに責め立てられるオレステス。姉と友人が苦しむ彼を支え、やがて神々もオレステスに助力しはじめる。

ウィリアム・アドルフ・ブグロー『復讐の女神たちに追われるオレステス』(クライスラー美術館)

アトレウス王家の系図

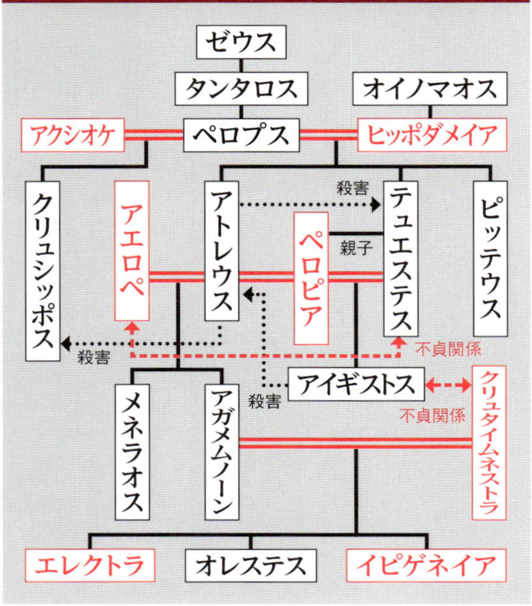
ゼウス
タンタロス
オイノマオス
アクシオケ
ペロプス
ヒッポダメイア
クリュシッポス
アエロペ
アトレウス
殺害
テュエステス
ペロピア
親子
ピッテウス
殺害
不貞関係
アイギストス
殺害
クリュタイムネストラ
不貞関係
メネラオス
アガメムノーン
エレクトラ
オレステス
イピゲネイア

オリュンポスの神々と英雄たち

ギリシャ神話を彩る個性豊かな神々や英雄たち。ここでは、マンガのなかで登場するキャラクターを中心に紹介していく。

天界の支配者 ゼウス

主な権能

天空、雷、嵐、雨

ローマ神話名

ユピテル

英語名

ジュピター

シンボル

雷霆、鷲 など

両親

クロノス（父）
レア（母）

オリュンポス12神を束ねる、ギリシャ神話の最高神。父クロノスをはじめとするティタン神族との戦いに勝利し、世界を治める全知全能の神として崇められる。天候を自在に操ることができ、雷を操る雷霆《らいてい》を携えている。天体におけるゼウスの象徴は木星。木星のマークはこの雷霆を表したものともいわれる。威厳にあふれた頼れる神である一方、好色なことでも知られており、神や人間を問わず、多くの女性たちと浮き名を流した。

結婚の女神 ヘラ

主な権能

結婚、貞節、母性

ローマ神話名

ユノ

英語名

ジュノー

シンボル

孔雀、石榴 など

両親

クロノス（父）
レア（母）

ゼウスの正妻で、結婚や貞節を司る女神。6月を表す「June」はヘラのラテン語名であるユノからとられており、6月に結婚するとヘラの加護で幸せになれるという言い伝えから「ジューンブライド」という風習が生まれたとも考えられている。しかし、当のヘラ自身は、夫ゼウスの浮気癖にたびたび悩まされている。ときにはその浮気相手や子どもに苛烈な制裁を加えるため、嫉妬深い女神として描かれることが多い。

海界の支配者
ポセイドン

主な権能	海、河、泉、地震
ローマ神話名	ネプトゥヌス
英語名	ネプチューン
シンボル	トライデント（三叉鉾）、馬 など
両親	クロノス（父） レア（母）

ゼウスの兄弟で海を支配する神。三叉《さんさ》の鉾《ほこ》「トライデント」を持ち、海の波を自在に操り地震などの天災を起こすとも考えられている。司る天体は海王星で、海王星のマークはこのトライデントを象《かたど》ったものだ。海のように厳しく、また雄大な性格の神だ。

また、ゼウスと同じく好色で、さまざまな女性との逸話が残されている。豊穣の女神デメテルには拒絶されたが、馬に変身して逃げた彼女を自身も馬の姿で追いかけ、そのまま交わった。こうして名馬アレイオンが生まれ、ポセイドンは馬の創造主として馬術を人間に教えるようになったという。

冥界の支配者
ハデス

主な権能	冥界、死
ローマ神話名	プルトン
英語名	プルート
シンボル	ケルベロス、水仙 など
両親	クロノス（父） レア（母）

ゼウスとポセイドンの兄弟。オリュンポス12神には数えられていないが、冥界を治める重要な神だ。死者の魂に冷静な裁きを下す冥府の王であり、「ハデス」という言葉そのものが死後の世界を指すこともある。冥界は地中深くにあり、入り口には3つ首の番犬ケルベロスがいるとされていた。

ハデスはあまり表舞台に出ることがなく、同じく世界を支配しているゼウスやポセイドンに比べると逸話の少ない神だ。古《いにしえ》の人々も死に触れることを恐れたのか、ハデスを奉る神殿は数少ない。しかしその反面、ハデスの死者への平等さは「正義」とも評されている。

豊穣の女神

デメテル

主な権能	
豊穣、農業、穀物	
ローマ神話名	
ケレス	
英語名	
セレス	
シンボル	
小麦の穂 など	
両親	
クロノス（父） レア（母）	

ゼウスの姉にあたるオリュンポス12神のひとり。ゼウスとの間に、娘コレー（のちのペルセポネ）がいる。デメテルが象徴するのは豊穣。彼女が機嫌を損ねたり、悲しみに暮れたりすると、作物が実らなくなるという。

また、デメテルは農業を広めた神でもある。コレーがハデスによって冥界にさらわれた際、娘を探して世界中をさまよっていたデメテルは、トリプトレモスという若者からコレーの居場所を聞いた。これに感謝したデメテルは、彼に穀物の種を与え、農業のいろはを伝授した。そして、世界中に農業の恵みを広げるように言ったとされる。

冥界の女王

ペルセポネ（コレー）

ゼウスとデメテルの娘。冥界の王ハデスの妻であり、冥界の女王として君臨している。娘時代の名前はコレー。ローマ神話ではプロセルピナとも呼ばれ、豊穣を司る神でもある。世界に四季があるのは、ペルセポネが冥府に下っている数か月の間、デメテルが豊穣神としての役割を放棄するためといわれる。

また、少年アドニスとアフロディーテとの三角関係や、ハデスが恋をしたというニンフ、メンテー（ミント）を植物にした話などが伝わっている。

かまどの女神

ヘスティア

オリュンポス12神に数えられている女神で、かまどや家庭生活の守護神だ。ポセイドンとアポロンから求婚されたが、どちらとの結婚も望まず、ゼウスに処女の誓いを立てた。

平和的で穏やかな性格。常に炉の側を守っているためエピソードは少なく、ぶどう酒の神ディオニュソスに12神の座を譲ったとする説も。ローマ神話ではウェスタと同一視され、優しく慈愛あふれる国家の守護神となった。太陽系の小惑星のひとつ、ウェスタの名は彼女からとられた。

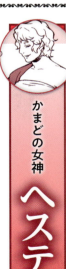

愛と美の女神
アフロディーテ

主な権能	愛、美
ローマ神話名	ウェヌス
英語名	ヴィーナス
シンボル	白鳥、薔薇、貝 など
両親	なし

愛と美を司る女神。その出生には諸説あるが、ティタン神族の長クロノスが、父であるウラノスの男根を切り落とし海へ投げ入れると、そこから泡が生まれアフロディーテとなったともいう。その美貌は、夜空にひときわ輝く金星に重ねられる。

たぐいまれな美しさをもち、恋のエピソードに事欠かない。軍神アレスや美少年アドニス、トロイア王子アンキセスなど、数多くの男性を魅了してきた。彼女の美しさに魅せられたのは、神話の中の人々だけでない。後世に名を残すような芸術家たちも、彼女の魅力に夢中になった。

戦争の神
アレス

ゼウスとヘラの間に生まれた軍神だが、同じく戦いを司るアテナと比べると、暴力的・破壊的な戦闘を象徴しており、神々の中でも嫌われ者だった。さまざまな蛮族の父といわれるが、トロイア戦争では人間の英雄に怪我をさせられるなど、あまり活躍の場面はない。

ローマ神話では軍神マルスと同一視され、ギリシャ時代よりも優遇されるようになった。英語ではマーズと呼ばれており、空に赤く輝く火星は彼の名を冠している。

愛の神
エロス

アフロディーテの従者とも、息子ともいわれる男神。ローマ神話ではアモル、クピド(キューピッド)と同一視されている。青年の姿で描かれることもあれば、羽の生えた幼児として登場することもあり、時代により解釈が変わる。

エロスは射られた者は情熱的な恋心を抱くようになる金の矢と、射られると人に嫌悪感を抱くようになるという鉛の矢を手にしている。太陽神アポロンとニンフのダプネの悲恋は、この2本の矢が引き起こしたものだ。

光明と予言の神
アポロン

主な権能
予言、音楽、医術、太陽 など
ローマ神話名
アポロ
英語名
アポロ
シンボル
月桂樹の冠、竪琴、弓矢 など
両親
ゼウス（父） レト（母）

予言、音楽、医術、道徳、弓矢、そして太陽を司るともされる神であり、ゼウスの息子。双子の妹（姉とも）にアルテミスがいる。権能の多さからも見てとれるが、万能の神であり、若々しく美しい理想の男性像とされた。古代ギリシャではゼウスに次いで信仰を集めたという。予言を与える神としても名高く、デルフォイにあるアポロン神殿は神託の聖地とされる。アメリカの有人飛行計画「アポロ計画」は、アポロンの英語名からとられたものだ。

多くの人々に崇められていたアポロンだが、その一方で彼には悲恋のエピソードが多い。あらゆることに長けていたアポロンも、恋路までは操ることができなかったようだ。

純潔と狩りの女神
アルテミス

主な権能
狩猟、弓矢、貞淑、お産、月 など
ローマ神話名
ディアナ
英語名
ダイアナ
シンボル
弓矢、鹿 など
両親
ゼウス（父） レト（母）

アポロンの双子の妹で狩りの女神。優れた弓の使い手で、美術作品などでは鹿を引き連れ、弓矢を携えた姿で描かれた。時代が下ると月の女神としても崇められるようになる。

処女神ゆえに潔癖なところがあり、ときに苛烈な行動も辞さない。たとえば狩人アクタイオンは誤って彼女の水浴びを見たことで、鹿に姿を変えられて自分の猟犬に殺されてしまう。また、アルテミスの連れていた子鹿を射ってしまったミュケナイ王アガメムノーンには、娘を生贄《いけにえ》に捧げるように要求したともいう。親族を侮蔑した者にも容赦はなく、母レトを嘲笑したテーバイ王の妻ニオベの12人の子どもたちを、兄アポロンとともに射殺してしまった話も残っている。

戦いと知恵の女神
アテナ

主な権能	戦い、知恵、純潔
ローマ神話名	ミネルヴァ
英語名	ミナーヴァ
シンボル	武具、アイギスの盾 など
両親	ゼウス（父） メティス（母）

戦いの女神アテナは、最高神ゼウスと知恵の女神メティスの血を引くオリュンポス12神のひとりだ。彼女は自ら鎧兜を身につけて戦う戦士であり、勇敢で思慮深く、多くの人々から信仰された。ゼウスは自分の息子に王位を奪われることを恐れ、身ごもった妻メティスを飲み込むが、やがてその頭の中から、成人し武装した姿の女神アテナが飛び出したという。彼女はゼウスを助け、ゼウスにとってもアテナは頼りになる愛娘となった。

また、アテナはギリシャ神話に登場する英雄たちの守護神でもある。ヘラクレスの12の試練や、ペルセウスのメデューサ退治、トロイア戦争など、多くの物語で英雄を助け導いた。

どん!!
私からはオリーブの木を与えよう！
丈夫で実も成るすばらしい木だぞ！

鍛冶の神
ヘパイストス

主な権能	鍛冶、鉄、火
ローマ神話名	ウルカヌス
英語名	ヴァルカン
シンボル	金鎚、鉄鋏、斧、 ふいご など
両親	ヘラ（母）

ゼウスがあちこちで愛人と子を成していることに憤った正妻のヘラが、ひとりで生んだ子とされている。しかし、外見が醜く足が不自由だったためヘラに投げ捨てられ、海の女神テティスとエウリュノメによって育てられた。成長後はオリュンポス12神に加わる。

鍛冶を司る神で職人の象徴でもあり、アポロンとアルテミスの弓矢など神話に登場するさまざまなアイテムをつくる。武器だけでなく、エピメテウスの妻となった人類最初の女性パンドラも彼の作品だという。また、育ての母であるテティスの願いに応え、彼女の息子アキレウスに武具を贈っている。

突然強い風が吹いて
ヒュアキントス
ぎゅ

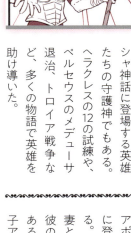

伝令と商業の神
ヘルメス

主な権能	旅人、商売、交渉、泥棒 など
ローマ神話名	メルクリウス
英語名	マーキュリー
シンボル	羽つき帽子とサンダル、伝令杖 など
両親	ゼウス（父） マイア（母）

羽のついた帽子とサンダル、2匹の蛇が絡みついた意匠の伝令杖ケリュケイオンを手にした、伝令神ヘルメス。最高神ゼウスの使者として、さまざまな神話の場面に登場する。

庶民的で器用な神だが、狡知に長けた一面もあり、生まれてすぐにゆりかごから抜け出し、太陽の神アポロンの牛50頭を盗んだという逸話も。怒ったアポロンがゼウスのもとへと連れていくと、ヘルメスは堂々と申し開きをしてふたりを感心させた。

その後、アポロンとはすっかり仲良くなり、ヘルメスが発明した竪琴とケリュケイオンをお互いに贈りあったという。

ギリシャ最強の英雄
ヘラクレス

出身地	テーバイ
地位	ミュケナイ王家の血筋
活躍	12の試練、 アルゴー号の航海 など
家族	ゼウス（父） アルクメネ（母） メガラ（妻）、デイアネイラ（妻） イピクレス（弟） など

ギリシャ神話における名高い英雄のひとり。父はゼウス、母はペルセウスの孫であるアルクメネだ。赤ん坊のころから怪力で、ゼウスの正妻ヘラにより差し向けられた毒蛇を素手で締め殺したという。その後、ヘラの呪いで発狂させられ、家族を殺してしまったヘラクレスは、罪を償うために12の試練に挑むことになる。

さまざまな怪物を倒し、名将として戦いにも出たヘラクレスだが、その最期は悲しいものだった。新妻デイアネイラがケンタウロスに騙され、毒に染まった衣をヘラクレスに着せてしまう。ヘラクレスは苦しみ、炎の中に飛び込んで自害。真実を知った妻も後を追った。その後、哀れに思ったゼウスが、彼を天にあげて星座にしたという。

ゴルゴン退治の英雄 ペルセウス

出身地	アルゴス
地位	アルゴス王、ミュケナイの支配者
活躍	ゴルゴン退治、ケートス退治 など
家族	ゼウス（父） ダナエ（母） アンドロメダ（妻） など

ゼウスとアルゴス王女ダナエとの間に生まれた英雄。アルゴス王は孫に殺されるという神託を受けていたため、母とともに海へ流されてしまう。自身の出生を知らずに育ったペルセウスは、暮らしている土地の領主から母を守るため、ゴルゴン退治の冒険に出ることになる。

冒険を終えたペルセウスは、母と妻を連れてアルゴスへ戻り王座につくが、不慮の事故で祖父である前アルゴス王を殺してしまう。ペルセウスは、祖父の土地であるアルゴスを治めることを恥じ、ティリュンス王と国土の交換を提案。その後は長きにわたり善政をしき、ミュケナイの祖ともなったという。

エチオピア王女 アンドロメダ

英雄ペルセウスに救われたエチオピアの王女。アンドロメダの母カシオペアは、自分の美貌を海神ポセイドンの娘よりも勝っていると豪語したため、怒ったポセイドンが海の怪物ケートスを送り込んだ。アンドロメダは生贄《いけにえ》として捧げられることに。冒険の帰路にあったペルセウスによって怪物は倒され、アンドロメダは英雄の妻として迎えられた。死後は戦いの女神アテナによって星座とされ、アンドロメダ銀河の名の由来ともなっている。

魔眼の怪物 メデューサ

怪物ゴルゴン三姉妹の末妹。髪は無数の蛇でできており、目を見ると石になるという。三姉妹のなかで唯一不死でなかったため、英雄ペルセウスに退治された。もとは美しい女性だったが、処女神アテナの神殿で海神ポセイドンと交わり、アテナの怒りに触れたため、姉ともども怪物にされたという。

古代ギリシャでは彼女の顔に魔除けの力があると信じられ、神殿のレリーフや武具の装飾、日用品など、さまざまなものにつけられている。

アルゴー号船長
イアソン

出身地	テッサリア
地位	イオルコス王
活躍	アルゴー号の航海
家族	アイソン（父） ポリュメデ（母） メディア（妻）など

イアソンの父アイソンは、イオルコス王の座を弟のペリアスに奪われ、息子をケンタウロスの賢者ケイローンに預けた。成長したイアソンを見たペリアスは甥《おい》を遠ざけるため、コルキス王アイエテスがもつ「黄金の羊毛」をもち帰れば王位を譲ると難題を与えた。こうしてイアソンは、巨大な船アルゴー号をつくり、名だたる英雄を集めて航海の旅に出たのだ。

道中、さまざまな冒険を乗り越えたイアソン一行は、無事に黄金の羊毛をもち帰った。コルキスから連れ帰った妻メディアの助力もあり、王座の奪還に成功するが、やがて気性の激しいメディアによって破滅していく。

コルキスの魔女
メディア

出身地	コルキス
地位	コルキス王女
活躍	優れた魔術でイアソンを助ける
家族	アイエテス（父） エイデュイア（母） イアソン（夫）、アイゲウス（夫）など

コルキス王女で、英雄イアソンに恋心を抱き、魔術で彼の冒険の手助けをした。実の弟を犠牲にしたり、イアソンを王位につけるために前王ペリアスを謀殺したりと残酷な行いも多い。やがて夫の心が自分から離れたことを知ると、イアソンの新しい花嫁とその父王を婚礼の席で焼き殺し、イアソンとの間にできた子どもまで殺害した。

こうしてイアソンのもとから去ったメディアは、アテナイでアイゲウス王の妻となったとされる。しかし、ここでも英雄テセウスを暗殺しようとしたため、テセウス自身によって追放され、イタリア半島に逃れたという。

ミノタウロス退治の英雄 テセウス

出身地	トロイゼン
地位	アテナイ王
活躍	ミノタウロス退治 など
家族	アイゲウス（またはポセイドン）（父） アイトラ（母） アンティオペ（またはヒッポリュテ）（妻）、パイドラ（妻）

父はアテナイ王アイゲウス、または海神ポセイドンともいわれている。有名なミノタウロス退治をはじめ、さまざまな偉業を成し遂げており、特にアテナイ人からは非常に愛されていた英雄だ。国を治める名君としても知られるが、根っからの冒険好きだったようで、頻繁に遠征や冒険に繰り出していたという。

また、テセウスは同時代の英雄たちとも交流があった。中でも英雄ヘラクレスに憧れていたようで、アルゴー号の航海ではともに遠征隊の一員として参加。冥界の女王ペルセポネを連れ帰ろうとしてハデスに石にされたときは、ヘラクレスに助けられている。

トロイア戦争最大の英雄 アキレウス

出身地	プティア
地位	ギリシャ軍の将軍
活躍	トロイア戦争
家族	ペレウス（父） テティス（母） デーイダメイア（妻） ネオプトレモス（子） など

トロイア戦争においてギリシャ軍最強と呼ばれた英雄。ケンタウロスの賢者ケイローンに教育を受けたが、戦争で夭逝《ようせい》するという予言を受け、母である海の女神テティスによってスキュロス島の王のもとで匿《かくま》われていた。しかし、ギリシャ軍の勝利にアキレウスは欠かすことのできない存在だったため、知将オデュッセウスの策によって探し出され、トロイア遠征へ加わる。

戦場では、親友パトロクロスを副将に据え一騎当千の活躍を見せるが、パトロクロスが自身の身代わりになって戦死。アキレウス本人も唯一の弱点である踵《かかと》を射られて絶命してしまう。

トロイア軍総司令官 ヘクトール

出身地	トロイア
地位	トロイア軍総指揮官
活躍	トロイア戦争
家族	プリアモス（父） ヘカベー（母） アンドロマケ（妻） スカマンドリオス（子） パリス（弟）など

トロイア戦争におけるトロイア軍の総指揮官で、戦争の引き金となったパリスの兄。ヘレネをギリシャへ返すよう説得を試みるなど、良識ある人物で人望厚く、戦場では勇猛、家庭ではよい父であり、よい兄であった。

ギリシャ軍の猛将アキレウスと一騎打ちの末に敗北。遺体はアキレウスによって戦車に繋がれ引き回されるが、アポロンの加護で傷つかないよう守られたともされる。トロイア陥落後、ヘクトールの妻アンドロマケはアキレウスの息子ネオプトレモスの妾《めかけ》として連れ去られた。敗戦国の将だが、死後も多くの人々に愛された偉大な英雄だ。

トロイア戦争の発端 パリス

トロイアの王子で、将軍ヘクトールの弟。三女神の美の争いに審判を下すことになり、これをきっかけにトロイア戦争が起こる。出生時の不吉な予言のため一度は捨てられ、イデ山で羊飼いとして暮らしていたが、成長後に王家に迎えられた。ニンフのオイノーネーという妻がいたが、彼女を捨ててヘレネを娶《めと》った。

パリスは戦いの中で瀕死の重傷を負う。癒せるのはオイノーネーだけだったが、拒絶され絶命。後悔したオイノーネも自害した。

美貌のスパルタ王妃 ヘレネ

絶世の美女と謳《うた》われた女性。父はゼウスで、母はスパルタ王妃レダ。ギリシャ中の男性がヘレネに求婚しようと押しかけたため、育ての親である父王テュンダレオスはヘレネ本人に相手を選ばせ、求婚した男性たちには、娘の夫への援助を約束させた。そのため、トロイア戦争にはギリシャ中の英雄が参戦することになったという。

アフロディーテの力でパリスと駆け落ちするが、戦争後は、夫メネラオスと復縁しスパルタへ帰国したともいう。

ギリシャ軍総大将
アガメムノーン

ギリシャ軍の総大将を務めたミュケナイの王。スパルタ王メネラオスの兄であり、弟の妻ヘレネがさらわれたことでギリシャ中から勢力を集め、トロイアへ遠征する。

好色で傲慢な一面があり、自軍最強の戦士アキレウスとは度々対立。アキレウスの愛《あい》妾《しょう》ブリセイスを奪ったり、自身の娘をアキレウスと結婚させると騙して呼び寄せ、遠征のための生贄《いけにえ》にしたりと、怒ったアキレウスがストライキを起こすほど。凱旋後は妻とその愛人に惨殺される。

悲劇の予言者
カサンドラ

トロイアの王女で、ヘクトールとパリスの妹。予言の神アポロンに見初められ、予知の力を授かったが、飽きたアポロンに捨てられる未来を予見して、その愛を拒絶。怒ったアポロンによって呪いをかけられ、彼女の言葉は誰にも信じてもらえなくなった。

トロイア戦争では、自国が負ける未来を予見し、トロイアの木馬を城内に引き入れることを止めようとした。しかし、呪いのせいでカサンドラの言葉に耳を貸す者はおらず、トロイアは陥落する。

ギリシャ軍の知将
オデュッセウス

出身地
イタケ
地位
イタケ王
家族
ラエルテス（父） アンティクレイア（母） ペネロペ（妻） テレマコス（子）など

イオニア海に浮かぶイタケ島の王で、トロイア戦争では並びなき知将として活躍した。トロイアの木馬を考案して鉄壁の守りを陥落させ、長きにわたる戦いに終止符を打った人物。

オデュッセウスは、詩人ホメロスによる長編叙事詩『オデュッセイア』の主人公でもあり、トロイア戦争の終結後、彼が長い放浪の末に故郷に帰るまでが描かれている。一つ目巨人の島、人食い巨人族、怪物セイレーンとスキュラといったかずかずの苦難や魔女キルケとの蜜月など、魅力的なエピソードが詰まっている。

出征から実に20年後、帰還したオデュッセウスは、多くの男性に求婚されながらも夫を待ち続けた妻ペネロペと無事に再会を果たした。

編者 かみゆ歴史編集部（かみゆれきしへんしゅうぶ）
歴史関連の書籍や雑誌・デジタル媒体の編集・制作を行う。ジャンルは日本史全般から、世界史、美術史、宗教・神話、観光ガイドなど。おもな編著書に『マンガで一気に読める！日本史』『ビジュアル百科 写真と図解でわかる！天皇〈125代〉の歴史』（ともに西東社）、『エリア別だから流れがつながる 世界史』『マンガで教養 やさしい三国志』（ともに朝日新聞出版）、『最新版 仏像でめぐる日本のお寺名鑑』（廣済堂出版）、『ゼロからわかる中国神話・伝説』（イースト・プレス）など。

マンガ　裏海マユ（プロローグ・第五章）、藤科遥市（第一章・第二章）、竹村ケイ（第三章・第四章／着彩：felt）
編集協力　青木一恵
校正　板谷茉莉
デザイン・DTP　株式会社ブラフマン
DTP　株式会社明昌堂

マンガ 面白《おもしろ》いほどよくわかる！ ギリシャ神話《しんわ》

編　者　かみゆ歴史編集部
発行者　若松和紀
発行所　株式会社 西東社
〒113-0034　東京都文京区湯島2-3-13
https://www.seitosha.co.jp/
電話　03-5800-3120（代）
※本書に記載のない内容のご質問や著者等の連絡先につきましては、お答えできかねます。

ISBN 978-4-7916-2765-3